阮宏毅 张有飞 著

Research on Mergers and Recombinations of Listed Companies in China's Real Estate Industry

中国房地产行业
上市公司并购重组研究

图书在版编目（CIP）数据

中国房地产行业上市公司并购重组研究/阮宏毅，张有飞著. —北京：经济管理出版社，2018.12
ISBN 978-7-5096-6123-9

Ⅰ.①中… Ⅱ.①阮… ②张… Ⅲ.①房地产业—上市公司—企业兼并—研究—中国 Ⅳ.①F299.233

中国版本图书馆CIP数据核字（2018）第243060号

组稿编辑：宋　娜
责任编辑：宋　娜　田乃馨
责任印制：黄章平
责任校对：张晓燕

出版发行：经济管理出版社
（北京市海淀区北蜂窝8号中雅大厦A座11层　100038）
网　　址：www.E-mp.com.cn
电　　话：（010）51915602
印　　刷：北京玺诚印务有限公司
经　　销：新华书店
开　　本：720mm×1000mm/16
印　　张：13.25
字　　数：182千字
版　　次：2019年3月第1版　2019年3月第1次印刷
书　　号：ISBN 978-7-5096-6123-9
定　　价：98.00元

·版权所有　翻印必究·

凡购本社图书，如有印装错误，由本社读者服务部调换。
联系地址：北京阜外月坛北小街2号
电话：（010）68022974　　邮编：100836

序言

当今中国已经是世界第二大经济体,在经济发展方面取得了许多举世瞩目的成就。可是近几年由于受到世界经济危机的影响,我国经济发展速度较前几年虽然逐渐变缓,但是却呈现出更为理性的发展轨道。房地产企业作为我国经济的一大支柱型产业却一直保持着"高温不下"的态势。房地产行业在促进经济发展方面一直起着积极的作用,许多投资者也选择在合适的时刻入手投资房地产行业,所以造成了建筑行业的又一场热潮。俗话说:"罗马不是一天建成的",可是根据官方发布的住宅竣工数据来看,中国大约每6周就会建成一个"新的罗马"。基于这样的现象,有些舆论报道指出习近平总书记提出的"中国梦"是靠房地产热潮维持的,由于房地产问题与我们的生活息息相关,因此也引起了社会民众的广泛关注和讨论。作为社会的一分子和一名科研工作者,我选择从中国房地产行业上市公司并购重组这一研究角度入手,来对房地产热潮问题进行系统性的研究和审视。

在当今这一热潮中,一些经济学家和投资者在研究后对世人发出警告称,最近这一轮房地产热潮所带来的经济短期增长是有代价的:它不单吹高了房价,向更远处观望,这一泡沫如果最终破灭,带来的不单单是巨大的痛苦,而是整个经济的崩盘。我国一位人大代表十分诚恳地提出了警告,我国的经济正在被房地产行业"绑架"。所以,在本书中我们希望能够在当今房地产投资以及房价飙升的时代,对有关该市场中可能出现的房地产泡沫以及企业在进行并购和重组时遇到的潜在危险进行总结和研究,这也是我们撰写本书时的初衷。除此之外，我国经济发展的热点自20世纪90年代以来一直集中在房地产行业上，房地产行业也逐步发展成为我国国民经济中最具有先导性和基础性的支柱型产业。面对各界提出的警告以及市场中蕴含的泡沫，虽然政府中的相关部门不断从"土地"和"资金"两方面进行调控，但是迫使中小型企业逐步退出房地产市场的两大根本原因在于土地资源的短缺以及资金的紧张并没有就此缓解。市场中的某些大型房地产企业为降低企业成本、扩大企业原有规模，进一步通过并购的方式来提升企业的市场竞争力，这一行为有利于提高市场的集中度和优化原有产业结构。

我们希望在写作的过程中，加深我们对于这一问题的理解和认知，希望读者能够通过阅读本书来加深对我国房地产行业上市公司的并购重组行为的认识且形成一个系统性的认知。另外，也希望本书能够对我国房地产行业的宏观调控提供可资借鉴的建议。

1993年，我国金融市场发生的深宝安收购延中实业，正式拉开了我国上市公司并购的序幕。在这一事件后，我国境内的并购浪潮不断涌现，任何一家有一定规模和实力的上市公司都可以通过并购的方式来实现对整体资源的合理配置以及扩大公司原有的生产经营规模，从而达到降低交易成本和实现协同效应的目的。在帮助公司进一步提高知名度和市场占有率的同时，也能帮助股东最大化地实现自身价值，这也就意味着并购重组是公司不断做大做强的有效手段之一。

最后，本书的内容可能存在着一些问题，希望读者能够就发现的相关问题与我们联系和讨论。我也十分感谢在本书出版过程中对我们提供帮助的相关人员，谢谢你们！同时，希望广大读者通过阅读本书能加深对房地产热潮问题的认知。

摘 要

本书主要采用实证研究与案例研究的方法，主要为了帮助读者更好地研究中国房地产行业上市公司并购重组的具体行为，并购公司所面临的具体风险以及克服这些风险的有效形式，另外我们还希望本书对房地产公司有效并购提供一定参考和借鉴，同时也能对于政府和监管部门进行并购行为规范、行业整合给予一定指导作用。

在写作过程中，本书在第一章中首先梳理了国内外关于并购重组的相关文献，分别介绍了并购重组对于企业的意义以及概念和不同种类，并列举了发生在世界范围内不同的五次并购重组浪潮，除此之外，我们还尝试着结合相关文献对企业并购和重组的未来发展趋势进行一个合理的预测与展望。在第二章中，在第一章相关内容的基础上，系统性地描述了我国企业并购重组的相关操作流程，以及对企业如何选取并购对象和评估这一战略等相关内容进行研究和分析。在下面两个章节中，我们重点分析和研究企业并购重组所面临的风险以及上市公司并购重组的相关操作实施办法。然后，我们对房地产企业的并购重组进行重点研究和分析。主要分为四个不同的章节，第五章中我们主要对房地产行业中并购重组的相关文献进行整理和综述；第六章中我们分为三个不同的阶段对并购重组的流程进行详细的分析和研究；第七章主要是分析房地产企业在这一过程中面临的风险以及有关法律问题；本书的结尾对此次研究中存在的一些问题以及得到的结论进行一个系统的梳理和总结，同时也对未来的研究提出一个合理的展望。

目 录

第一章　企业并购重组综述 ··· 1
　　第一节　企业并购重组的内涵 ··· 1
　　第二节　企业并购重组的概念和分类 ·· 5
　　第三节　企业并购重组的五次浪潮 ·· 10
　　第四节　企业并购重组的未来发展趋势 ·· 22

第二章　企业并购重组的操作流程 ·· 26
　　第一节　企业并购重组的操作程序 ·· 26
　　　　一、前期筹备阶段 ··· 26
　　　　二、并购谈判阶段 ··· 27
　　　　三、并购方案实施阶段 ··· 27
　　　　四、并购整合阶段 ··· 27
　　第二节　企业并购重组的战略选择及分析工具 ··· 28
　　　　一、并购战略目标的解释 ·· 28
　　　　二、企业并购战略选择的基本原则 ·· 28
　　　　三、基于具体模式的企业并购战略选择 ·· 30
　　第三节　如何寻找合适的目标企业 ·· 33
　　　　一、协同效应最大化是选择目标企业的重要依据 ······························· 33
　　　　二、目标企业选择原则及其选择特点分析 ·· 34
　　第四节　企业并购重组的价值评估方法 ·· 35
　　第五节　企业并购重组的评估方法 ·· 38
　　　　一、折现现金流量评估方法 ··· 38
　　　　二、相对比较估价方法 ··· 41
　　　　三、现行市价评估方法 ··· 41
　　　　四、剩余收益估价法 ·· 44
　　　　五、经济价值分析评估法 ·· 44

1

    六、业务分拆评估法 45
    七、调整账面价值评估法 46
  第六节　并购重组后二者的整合计划 46
    一、企业并购后整合的重要性 47
    二、并购后整合的主要内容 47
    三、并购整合的实施过程 50

第三章　企业在并购重组中面临的风险 52
  第一节　并购重组前的风险与对策 52
    一、战略风险 52
    二、体制风险 57
    三、信息不对称风险 58
    四、法律风险 60
  第二节　并购重组中的风险与对策 62
    一、目标企业价值评估风险 62
    二、融资风险 66
    三、支付风险 70
  第三节　并购重组后的风险与对策 72
    一、业务整合风险 73
    二、人力资源整合风险 74
    三、文化整合风险 78

第四章　上市公司并购重组操作实施办法 81
  第一节　上市公司并购方式方法 84
    一、按并购双方谈判策略分类 84
    二、按是否取得目标公司同意分类 86
    三、按并购的出资方式分类 86
  第二节　上市公司重大资产重组 89
  第三节　上市公司并购重组的相关流程 91
    一、上市公司并购重组的基本环节 91
    二、上市公司并购重组的行政许可审核工作流程 92
  第四节　我国上市公司并购重组存在的问题 95
  第五节　上市公司境外并购操作流程 100
    一、并购境外上市公司的操作流程 100
    二、并购境外非上市公司的操作流程 103
  第六节　上市公司境外并购的法律问题 106

第五章 房地产行业并购重组综述 110

第一节 房地产并购重组的意义 111
一、房地产公司并购重组对市场经济的发展意义 111
二、房地产企业并购对行业本身的影响 113
三、对房地产企业自身的意义 115

第二节 房地产并购重组的分类及基本概念 116

第三节 房地产并购重组时政府对其实施的审查条件 118
一、并购重组监管体系 118
二、房地产开发项目的转让应具备的条件 119
三、制作房地产项目转让合同应注意的问题 120

第四节 房地产并购重组的公司内部审查条件 121
一、房地产并购重组中尽职调查 122
二、审查目标公司的条件 133
三、股权并购重组流程和操作指南 137

第六章 房地产并购重组时的基本流程 142

第一节 主并企业对并购对象的选择 142
一、目标企业选择原则 142
二、我国房地产业并购的时机选择 144
三、选择目标企业应考虑的一般因素 146
四、并购风险的考虑 148

第二节 并购目标的确定与谈判 151
一、尽职调查 151
二、协商谈判 156
三、并购谈判的关键环节 158

第三节 对目标企业的接管整合 161
一、房地产企业并购整合的原则 161
二、确定整合关键人物——整合经理 162
三、系统化的整合 164

第七章 可能遇到的风险及法律问题分析 169

第一节 并购重组前所需重点关注的风险事项 170
一、财务风险 170
二、项目风险 172
三、整合风险 173
四、政策风险 176

第二节 相关方案的选择与有关建议 177
    一、融资方案的选择 177
    二、金融环境的制约 178
    三、对房地产企业相关建议 180
  第三节 拟订协议的具体执行方式 181
    一、房地产收并购项目交易方式分析 182
    二、房地产收并购项目税筹实操分析 182
    三、房地产收并购合同法律风险点分析 183
  第四节 特殊项目存在的法律问题及税务问题的处理方式 184
    一、拍卖流程及相关法律风险 186
    二、拍卖税费分析及筹划 189

第八章 结 论 191
  第一节 研究结论 191
  第二节 未来展望 192

附 录 194

参考文献 198

第一章 企业并购重组综述

第一节 企业并购重组的内涵

对于一件事我们需要从两个不同的方面去审视,一个企业的并购重组行为既有积极的一面又有消极的一面。

1. 企业并购重组的积极作用

(1)能够帮助一家企业有效地降低在日常经营中遇到的不同风险。在我国,任何类型的一家企业都可以选择通过并购后重组的方式,来扩充公司内部原有、有限的产品目录,通过目录中新增加的产品可以达到分散风险的目的,并形成企业产品多元化经营的局面。除此之外,并购重组还可以一并达到降低公司承担风险的目的。如果一家公司想单独开发一个新的产品领域,这家公司可能因此花费大量的金钱以及时间成本,并且还要在领域开发成功之后,为新产品寻找到一条适合的销售渠道。但在寻找销售渠道的过程中,可能出现产品在生产与销售等几个不同环节上脱节的情况,这也就造成了在这一过程中企业极大的风险成本,这时企业可以选择通过合理的并购重组来对风险进行有效的规避。对于小公司来说,通过并购另一家公司,它们可以有效解决自身遇到的资金短缺的问题，能够帮助公司走上可持续发展的正确道路，另外还可以避免公司内部发生财务困难等类似问题。

（2）国家政策扶持。现如今我国政府出台的相关政策正在大力推进和扶持产业优化升级，并购重组是能有效促进产业结构优化升级的重要途径之一，企业通过并购重组不仅能够给企业自身带来生产和经营规模效应，还能够增强协同效应，节约交易成本。企业可以通过在市场中的横向并购以及纵向并购提高自身的市场参与度，提高自身在市场中的竞争力。在国务院发布的《关于十大产业调整振兴规划》文件中，对我国经济市场中9个产业明确提出了扶持大企业，支持大企业进行并购重组。这一文件的出台，势必将在国内企业范围内引起一轮新的并购重组浪潮。"一带一路""引进来，走出去"的发展倡议的提出也带动我国一部分有实力的企业纷纷跨出国门，开始面向全世界开展自己的并购重组计划。这些政策都为我国企业并购重组提供了良好的政策保障。

（3）中国经济发展的宏观环境比较良好。在序言中我们提到了：我国目前经济发展的宏观环境良好，尽管受到了全球金融危机的影响，发展速度放缓，可是现阶段的发展态势是一种较为合理以及理智的发展状态，整体经济发展趋势呈现出了止跌企稳的迹象。这也就给国内企业并购重组提供了一个良好的氛围。

（4）充足的市场机遇。国际金融危机的爆发以及严峻的经济周期都为企业低价并购其他企业的资产提供了良好的发展机遇。同时，也给我国一些拥有大量资金的公司，收购被低估的资产提供了很好的机遇。另外，股票价格的持续不稳定也会导致新一轮的企业并购重组热潮和产业结盟。

2. 企业并购重组的消极作用

（1）可能被政府过多地干预并购重组过程。企业并购重组是：一家企业在所处市场中，获得另一家企业的整体或部分资产和控制权的一种市场行为，这是一种建立在双方自愿并且一方自发的基础上的。可是当前，在我国经济市场企业并购的活动中，政府行政干预的色彩一直很厚重，但是在这其中，如果政府以一种不恰当的方式进行干预介入，会使一般意义上的市场行为、经济行为因为两者在动机和评估体制上存在的不同，发生不可逆转的扭曲。从我们熟知的现实情况来看，国内的很多企业选择并购重组，很多时候是为了能够救济另外一家濒临倒闭的企业，这时候一家本身拥有着良好效益的企业，去兼并濒临破产的企业，是可以解决许多潜在的社会问题的。除此之外，我国目前还存在一种情况，有些地方政府为了追求经济发展和可观的经济成就，会要求几家效益好的企业通过并购重组形成上市公司，来完成政府当年计划中的某些经济增长目标。

前文说的那种"救济型"企业的并购重组后结果并不好，没有达到我们预期的生产要素的有效组合以及整体资源的优化配置的目标，更有甚者可能还会有发起"救济"并购的企业被收购企业拖垮的情况。还有一种情况，在并购之后，企业并不能对优势资源进行很好的整合，只是单纯地为了达到上市的目的而进行简单的资源相加。所以，对于一个企业来说，多数行政干预方式下的并购，效益和效率都比较低。

（2）并购企业与被并购企业的管理制度和管理模式没有很好的整合。并购成功之后，公司就会遇到如何整合被兼并企业与本企业差别很大的管理模式以及制度的现实问题。发起兼并的企业如何能够把自己原有的企业管理制度合理地应用到被兼并企业，以及两者在合并之后的经营管理过程中如何妥善地解决出现的冲突都会影响到企业日后的正常运转。这也是企业并购之后，管理者应该解决的首要问题。

（3）整合二者人力资源难度较大。在国内经济市场现有的成功并购案例中，出现过许多由于企业并购之后，不同企业员工利益受损的情况，员工因此闹事的案例也屡见不鲜。同时在一个并购活动中间的过渡期，发生在企业内部的动荡和前景的模糊等会造成员工之间、员工与企业之间的信任度持续降低。在这样的情况下，员工会加强自我保护意识，容易造成并购重组过渡期中的消极怠工和生产效率低下的问题。所以，基于上述两个原因，企业在并购重组之后，十分有必要进行人员的重新整合与分配。

（4）两个企业文化的整合。有一些并购活动可能发生在两个处于不同行业的企业之间，其经营模式和企业文化都不相同。由于并购企业与被并购企业所处的行业不同，导致在经营过程中形成的企业文化也存在着明显的差异。虽然并购主要是对企业的资产以及业务进行整合，但是在国内企业并购中往往忽视了对企业文化的整合，双方总是选择性地忽视企业文化整合对并购的实际影响力。其实在整合过程中，企业文化的整合往往是其成功的关键所在。

3. 企业并购重组的意义

我国任何一家资金充足的企业都可以选择通过并购重组来扩大企业的生产规模，通过改变进而形成一种可观的规模效应，该效应可以帮助企业将同一种资源进行更为合理的统一分配与利用，最终可以在一定程度上使企业更好地降低成本，提高可获取的利润。企业能形成一定的规模效应对于其自身的发展来说是十分有利的，一个可观的规模效应可以有效地帮助企业将自身内部拥有的人力、物力、财力实现最大化的集中，统一由企业自己支配所需的各项生产要素来进行经营活动。另外，企业通过实现大规模的集约化生产能够成功地提高自身拥有的生产效率，继而进一步地降低企业承担的管理成本。进一步形成的经济效应，还能帮助企业在自身内部构建起更为明确的分工模式，这种模式对提高企业的劳动生产率来说，有着十分重要的作用。从上述这几点来看，企业的并购重组活动对企业本身来说，是一种有深远意义的行为。当今世界中，制约大多数企业发展的一个重要瓶颈是资源的匮乏，企业内部拥有的资源也不可能面面俱到，企业的生产会受到资源匮乏的影响，充足的资源是一个企业赖以生存的必备条件。资源对于企业来说有着十分重要的意义，两个企业的合并可以更好地促进企业之间的资源共享。所以，将社会上的现有资源更好地加以利用，来提高整体资源的使用效率和产出效率，帮助企业实现资源的优化、配置、共享，最终形成强强联合的局面也是促使企业发起并购的根本原因之一。对一个企业来说，上述这些都能够产生十分深远的意义，对企业的未来发展也起到了十分积极的促进作用。

我们上文反复说到，并购重组活动可以有效地帮助企业来降低经营过程中遇到的风险，另外还能帮助企业提高自身的管理效率。因此，如何让企业的并购重组活动变得更加有意义是我们在未来研究中需要重点考虑的问题之一。除此之外，研究其内涵和意义不仅对企业有着十分深远的影响，对我们自身来说也是一次很好的机会，去深入了解光鲜背景下蕴含的那些我们看不见、接触不到的点和面；在形成自己独有的知识体系和认知的过程中，我们能够更加公正地审视这一问题。同时，企业通过并购以及重组可以更好地形成之前发展中无法形成的协同发展效应，良好的协同发展效应能够帮助有关企业更好地形成产业联盟。不单单是增强了企业自身在市场中的竞争力，更是增强了其所在地区的整体竞争力和人才吸引力，能够帮助企业更好地吸引到自身发展所需的人才以及帮助地区经济快速稳定地发展，这对企业以及所在地区的政府来说都有着十分深远的意义。

不同类型的企业可以通过一项成果的并购重组来帮助企业获取到更多的利益，同时这一活动也能帮助企业迎来一个更为光明的未来，与此同时，帮助企业走上一条更为良性的发展道路。

第二节　企业并购重组的概念和分类

企业并购重组对于普通人来说是一个相对宽泛的概念，该理论自建立到发展至今，不论是国内或是国外的相关研究中，学者们对这一概念进行研究时，分别从不同的视角对其加以可行的分析，并最终进行系统性的阐述解释。不同学者对于这一理论有不同的理解,并结合各自进行的实验结论给出了不同的定义。

通常,学者们将并购拆分为两个不同的词语,分别是兼并和收购。《大百科全书中》"兼并"一词是指:两个或两个以上的不同企业、组织通过合理的组合方式,形成一个新的规模更大的企业、组织。在这个新的企业、组织中,其中一个厂商会以之前的企业、组织形式继续存在于市场当中,但是其他不同的厂商就会因为这一项兼并活动丧失独立的身份。在《新大不列颠百科全书》中对这一词语给出的解释是:两个不同的或更多的企业,合并成一家新的规模更大的企业,通常在企业合并过程中,其中一家占优势的公司会吸收掉另外一家相对劣势的公司或者更多的劣势公司。对于另外一个词语"收购"来说,在外国经典著作《新帕尔格雷夫货币金融大辞典》一书中,将这一词语系统性地描述成:一家企业(可以为出价者或者兼并企业)通过利用自身拥有的某种优势,向另一家企业(目标企业或被兼并企业)提出购买意愿,并得到另一家企业领导层的一致同意,最终成功购买到另外一家企业的全部资产或拥有的大部分证券,企业的目的通常是重组被兼并公司的所有经营种类。

不同的支付方式可以将并购活动划分为三种不同的类型,这三种主要类型分别是股权收购、资产收购、债务重组。

1. 股权收购

股权收购具体指的就是:一家企业自发地选择收购市场中其他同类型,或者不同类型企业的全部股权的交易行为。发起此项收购的企业可以选择支付的形式主要包括:股权支付和非股权支付。我们选择一个合适的例子来说明此项收购,在两家不同的企业中,甲方企业可以选择和乙方企业共同商讨后签订具体的协议,协议中规定甲方企业通过收购乙方企业拥有的 50% 股权(通过此项收购行为),甲方企业需要给乙方企业的所有股东对价为 300 万元的银行存款和实际上被甲方企业全面控股的丙企业所有股权中 10% 的股份权限,走完这样一系列不同的流程之后,甲方企业才能称得上是真正实现了对乙方企业的全面控制（就是我们经常听到的"控股"一词）。在这一流程中，担任收购企业角色的是甲方，反之被收购企业的角色是乙方。

2. 资产收购

在会计学中，资产收购的定义是：一家企业对其他企业所拥有的所有资产进行全面性的收购，从而形成的一笔交易的经济行为。我们这里还是以甲乙两家不同的企业为例来说明这一概念，甲方企业首先需要向乙方企业提出收购意向，后经过两方企业代表共同商议后，达成协议，此项协议中可能会有一项具体的项目来规定甲方企业必须通过购买乙方企业中所有经营性质的资产（包括固定资产、仓库存货等），乙方企业中所有经营性质的资产的总共的公允价值为 500 万元，那么这也就决定了甲方企业需要支付的对价为本公司所有股权中的 20%、200 万元银行存款以及额外承担总额为 100 万元的乙方企业在之前经营过程中积攒下来的所有债务。那么在这一流程完成后，甲方企业扮演的就是资产收购中的受让企业，乙方企业担任的是这一流程中的转让企业。

3. 债务重组

顾名思义，这一词语代表的过程主要存在于：债务人个人资金发生某些难以解决的问题时，该债务人迫不得已需要进行重组时，所必须选择的行为。这时候的债权人与债务人需要先期经过协商之后签订双方都认可的具体协议，该协议的最终签订，可以使债权人对债务人之前所欠下的所有债务总额进行统一的退让和折中处理。同样我们选择以甲乙两个不同的企业为例来对此概念进行解释和说明，甲方企业在经营过程中可能因为向乙方企业销售了自己企业的产品从而在乙方企业内部拥有了 30 万元的债权，那么在双方合作初期达成的合同失去效用之后，假如乙方企业因为先期经营不善的行为，最终导致自身不具备偿还甲方债务的能力，那么双方就会基于当前这一实际情况再次进行新一轮的商议，从而达成一个新的书面协议。乙方企业的负责人会最终同意甲方企业提出的：将自己所有的债权转让为对乙方企业的拥有股权，通过这一转让来使乙方企业偿还自身的债务。这也即是我们所说的债务重组。

以上三种方法主要是按照并购活动中的不同支付方式来划分的。如果我们换成另外一个角度，以主并购企业与被并购企业之间的业务关系来划分并购行为，那么可以具体分为：横向并购、纵向并购和混合并购三种不同类型。

（1）横向并购。同一市场上，两个提供同一种类型的产品或服务的不同企业之间的并购被统一称为横向并购。一般对于企业来说，优势企业并购劣势企业为这种并购最常见的形式，企业选择这种并购主要是为了达到规模经济、消除竞争、扩大市场份额和提高企业竞争力的目的。

（2）纵向并购。在某一个生产过程或者日常经营环节有着相互衔接、密切相关的两家不同企业之间，或具有纵向协作关系的企业间的并购被我们称为纵向并购。发起这种并购行为的企业主要是为了有效地减少企业交易中付出的成本以及避开行业进入壁垒等问题。还可以按照产业关联的不同方向来细分为前向并购和后向并购两种。

（3）混合并购。在生产工艺和产品技术上或者为客户提供的服务之间没有直接相关性，并且企业的产品也不完全相同的两家企业之间的并购行为被我们称为混合并购。这种并购根据不同的类型可以进一步将其详细划分为产品扩张型并购、地域市场扩张型并购和纯混合型并购三种。

除了这几种主要并购类型之外，国内外学术领域中，有些学者还按照被兼并公司内部的各个不同管理层、所有股东以及公司董事会对兼并行为持有的态度将并购活动再次详细划分为：善意并购和恶意并购。这二者中，前者主要指的是并购企业经过一段时间的商讨后，于目标企业在收购价格、方式、条件等细节上达成一致，并且此次并购活动在目标企业内部的管理层、股东或董事会取得了理解并得到积极配合；后者主要指的是企业在发起并购活动时，违背了目标企业所有股东或相关管理层的主观意愿，目标企业的所有者不愿意自动放弃其所拥有的企业控制权，从而会采取各种各样的手段，对主并购公司的并购活动进行合理的反击和抵抗，最终导致并购双方将围绕着并购和反并购展开激烈且持久的斗争。

除此以外，有些学者还提出可以按照并购资金的来源，将其划分为杠杆并购与非杠杆并购。前者主要指的是主并购企业会在并购活动成功完成后，选择将目标企业的所有资产或企业内部所创造出的未来收益作为抵押，向商业银行或者信托公司等金融机构发起合理的融资请求。后者指的是发起并购活动的主并购企业选择利用自身内部拥有的资金优势，强行向目标公司的内部股东支付一定数量的资金，从而在法律允许的范围内完成的并购活动。在这一活动中，参与双方的实力并不对等，所以学者将其称为非杠杆并购。

另外还有两种划分方法，以并购活动中参与的双方所在的详细地域可以将其细分为国内并购或跨国并购。那么也可以按照同一国度中发生的某项具体并购活动参与双方的所在区域进行划分，以这种视角划分的并购可以分为同地区并购或跨地区并购。

在任何一家企业发起的并购重组活动都是一条可以帮助企业有效地进行业务扩展和提高国企资产利用效率的重要途径。在我国成功加入WTO之后，国内学术领域中关于企业并购重组的相关理论的研究越来越受到关注与重视，在围绕着这一理论开展的研究中，不同的学者皆发表过各自取得的研究成果，这些研究成果不仅丰富了这一理论，更是对该理论的发展起到了有效的推进作用。学者们普遍达成了一个共识：无论任何类型企业，如果想要进行极速扩张，那么相关决策制定人可以选择的途径之一就是让企业合理地进行并购重组活动；另外，这一活动同时也是行业进行优化资源配置的有效手段之一。当今经济全球化大环境下，在我国不同地区金融市场中兴起的企业并购重组活动已成为我国企业进行全部资源整合、调整产业结构和企业将自身拥有优势做强做大的最好时机。无论什么类型的企业，在发起并购重组活动时都有着一个相同的目的，就是帮助企业提升自身内部的运营效率和在市场中的竞争力；具体的过程指的是对并购企业双方或者单个企业不同个体的生产要素之间进行重组整合的过程。市场经济中，资本自由流动及资源优化配置的必然结果之一就是上市公司自发地进行资产重组。

第三节　企业并购重组的五次浪潮

全球第一次企业并购浪潮发生在19世纪末到20世纪初，在前后将近百余年的时间里，根据史实记载，全球范围内一共发生了五次大型的企业并购重组浪潮。我们在下文中，着重探讨这五次并购浪潮的特点以及发生的时间段。五次不同的并购浪潮及其主要特点如下：

企业并购重组这一活动从首次问世到发展至今，全球范围内记录在册的共有五次大的企业并购重组浪潮，这五次浪潮发生的时间为：19世纪末至20世纪初、两次世界大战之间的20世纪20年代、20世纪50~60年代的战后资本主义繁荣期间、20世纪70~80年代，以及持续时间最长的，于20世纪90年代初开始并持续至今的最后一次并购浪潮。我们希望能够将这五次并购浪潮中的不同特点总结并相互对比来帮助我们探索和借鉴全球企业并购重组活动的普遍规律和成功经验。

1. 发生在19世纪末至20世纪初的第一次企业并购浪潮

产业革命的序幕是由18世纪蒸汽机的问世以及投放使用拉开的，这一序幕的拉开也代表着以英国为首的西方国家正式进入了大机器工业时代。19世纪下半叶发生的第二次工业革命主要是以电力的发明及将其广泛投放于生产活动中为时代主要特征，这一革命也使得西方国家成功跨入了电气时代。大量问世的先进机器与生产设备，还有以社会化模式开展的大生产等活动都为这一时代即将展开的大规模生产提供了扎实的物质与技术基础，同时帮助一些企业建立一定的垄断地位和规模经济，并且加速了生产、缩短了产品周期。另外，还集中了社会资本，通过前面的事实我们可以看出，任何一家企业想要成功实现规模经济、追求垄断利益的最好的方法毋庸置疑是并购重组。正是由于这样的原因，在这一时期各个企业适应资本集中、技术进步要求的必然结果就是企业的并购重组；另外，推动资本主义自由竞争阶段向垄断竞争阶段过渡的主要动力之一也是企业的并购重组。

此次浪潮发生在 19 世纪末 20 世纪初，但是真正的高峰期在 1898~1903 年。在高峰期中典型的案例是美国的矿业和制造业的兼并，这两个行业的兼并在 1895 年共有 43 起，1896 年 26 起，1897 年涨到了 69 起，直到三年之后，1898 年呈现出井喷式的发展，共有 303 起兼并发生，1899 年之后涨到了 1208 起。这一巅峰期也即是在 1898~1902 年，四年中在美国境内被成功兼并的企业达到了 2635 家之多，被兼并的资本总额超过了 63 亿美元。

资本主义经济从自由竞争阶段向垄断竞争阶段的转折点上发生了第一次企业并购浪潮，这一次浪潮的特点为：

（1）以横向兼并方式为主。横向兼并的大量发生，成功帮助当时资本主义各国国民提高自身经济集中，同时使西方国家垄断局面形成的速度加快。此外，在此次浪潮中还诞生了一系列对日后各国经济结构产生深远影响的知名垄断组织，并为这些并购企业带来了十分巨大的超额垄断利益。

在 1898 年初，由 65 家不同类型的企业经过合并重组之后形成的盐业联合公司，控制了英国的化工领域，91% 的盐业生产由该家联合公司掌控。除此之外，1890 年 49 家企业效仿盐业联合公司，合并重组成的碱业联合公司垄断了英国范围所有漂白粉的生产。人们普遍认为，J.P. 摩根是第一次浪潮中的弄潮儿，这位传奇人物通过合理的发行股票、债券或置换股权等不同的方式，将全美 3/5 的钢铁企业成功并购重组，重新将合并的所有企业组建出一个"巨头"。据统计，该"巨头"共拥有 18 万个不同的钢铁工厂，1901 年该公司的产量占到了美国市场销售总量的 95%。根据相关报道，以 J.P. 摩根为首的董事会作出的有关决策，可以直接影响国家经济的繁荣与衰败，这也意味着其拥有的权力在某些方面甚至超过了时任总统。除此之外，在这一次浪潮中成立的美孚石油公司、杜邦公司、美国糖业公司、大英棉纺织品公司、西门子公司、拜耳公司等垄断巨头都成为当时最具有影响力的公司，有些公司甚至在今天仍旧在全球经济市场中占据极其重要的地位。

（2）此次企业并购浪潮中资本主义自由交易市场发挥着极其重要的作用。在开始的企业并购过程中，证券公司就显现出十分独特的作用。1863年，在美国成立的纽约股票交易所，为了弥补前者的一些缺陷而成立的波士顿股票交易所、费城股票交易所和巴尔的摩股票交易所，后成立的这三所不同的证券交易公司使工业股票的上市变得更为便利，这也就意味着企业开展并购活动更为方便，尤其投资银行为企业提供了大量且充足的兼并启动资金，同时又在其中扮演着兼并推动者的角色，从而能够在这一并购活动中谋取到可观的利益。当时的世界范围内随处可见由证券公司或是银行推动的并购活动。

（3）企业并购过程中政府各个部门以及相关领导发挥了十分重要的作用。政府相关政策与法律法规的制定部门应当及时制定并出台相应的法律法规，为企业并购打下扎实的先期基础。这些法律法规应当包括：建立适当的证券和税收法律制度，以及对行业中不合理的结构进行合理的调整。为了反对垄断现象而出台的"反托拉斯法"就是政府在各个方面都发挥着极其重要的作用的典型证明，这一项法律的出台有效地推动了企业并购的发展。

虽然，在第一次企业并购浪潮中，我们看到了许多由于并购行为操作不规范而产生的负面影响，但是我们换一个角度来看，我们可以看到企业并购浪潮切实促进了现代企业中相关制度的确立和发展，这也为企业在日后的发展和以后发生的几次并购浪潮奠定了扎实的基础。

2. 发生在20世纪20年代的第二次企业并购浪潮

在世界范围内，第二次大规模的企业并购浪潮集中爆发在两次世界大战之间的短暂间歇期，这次浪潮的高峰期出现在1926~1929年。第一次世界大战结束之后，以英、美、德、法等国为代表的西方老牌资本主义社会国家都进入了一个稳定发展的时期，这些国家的国内经济在这一时期，由于没有受到战乱的滋扰得到了快速增长，随着经济的发展，许多新的科学理论和工业技术也相继问世。这一阶段，世界上出现了诸如汽车工业、化学工业、飞机制造业、电影广播等一系列之前不存于世的新兴行业，这些行业日后逐渐发展，成为一个国家经济中举足轻重的一部分。由于这一时期出现了新资本密集型行业和产业合理化，这二者都有一个共同的需求点，就是需要大量的资本投入。这一时期空前繁荣的资本市场也为这些行业的持续发展壮大提供了一个极佳的舞台，所以也正是在这样的大背景下，全球第二次大规模的企业并购浪潮爆发了。

第2次的企业并购浪潮较第一次的并购浪潮主要有以下几个不同的特点：这一次的企业并购的规模更大，并且所有的并购都是大规模进行的。另外，这一次参与并购的行业更加广泛。第一次并购浪潮中建立起的那些巨型垄断企业在这次企业并购浪潮中成为主力军，这也使这些巨型垄断企业的各方面实力变得更加雄厚。在第二次浪潮中，这些企业兼并的规模比第一次都大很多，数量上也多很多。1919~1930年，11年间美国的278家大公司中，大约有236家公司分别选择了在原材料、半成品、制造加工等生产环节进行合理的并购以扩大自身的优势并节省自己的生产成本。在这一时期，美国参与并购的企业共有12000家，这一数字比第一次企业并购浪潮中企业并购总数翻了一倍之多。尤其是在最狂热的一个时间段，即1926~1930年，共有4600多起企业并购活动，平均每年就有500~1000家不同的公司在这场浪潮中被别的公司吞并，从而消失在市场中，除了我们列举出来的那些工业部门之外，新兴产业同时也在发生着大量的并购活动，从当时政府的统计报告来看，这一时期至少有2750家公用事业、1060家银行和10520家零售商选择实施了并购与重组的发展计划。

（1）在这一次浪潮中形成的新兴垄断集团是以第一次浪潮中形成的那些垄断公司为基础，继续发展壮大演变而成的。产业资本与金融资本在这些垄断集团中互相渗透融合，继而形成雄厚的金融资本。在第二次浪潮中形成的这些垄断集团不仅在一个国家的一个部门中掌控着众多不同的垄断公司，还将其触角向外逐渐延伸到了其余多个不同的部门，这也就使其拥有空前绝后的高强垄断程度。另外在这些垄断集团中，有一些产业资本选择和银行资本成功融合，之后就产生了一些我们口中所谓的"金融寡头"，这些"金融寡头"拥有其他企业难以企及的金融资本，因此其拥有的实力其他企业很难追赶，反过来这些"寡头"还可以有充足的精力来选择并购并控制其他企业。1913年美国国会发表的《货币托拉斯报告书》一书中统计道："我们提到的J.P.摩根成立的摩根财团，控制的企业有美国钢铁公司、通用电器公司等53家大型公司；金融机构13家，整个财团拥有的总资产超过了30亿美元；工矿企业14家，资产总额超过24亿美元；铁路公司19家，资产总额超过57亿美元，美国国内由这一财团控制的资产总额高达127亿美元，在当时那个年代富可敌国。"这样高程度的垄断情况随着国家的发展对国家生产力的破坏力显露无遗。

（2）这次并购浪潮中的并购形式呈现出了多样化的趋势，与第一次并购浪潮中以同一部门企业的横向兼并为主的形式不同。虽然这种形式在第二次并购浪潮中也很常见，但是兼并企业在此次并购浪潮中会偏向于选择纵向并购为主，横向并购为辅的形式。另外，在所有并购类型中产品扩展型与市场扩展型兼并也十分流行。但是不管什么形式的并购方式，企业发起并购时都有一个共同的着眼点，就是要加强自身拥有的垄断能力，通过垄断能力的加强，帮助企业从市场中赚取更多的超额垄断利益。

（3）投机主义在金融市场中的盛行使原本存在的金融泡沫不断地膨胀变大，并在1929年导致了股票大崩盘。在1929年前，1924~1925年，道琼斯指数直接从120点跳升到了159点，并且在1928年一年时间内的涨幅高达48%，这些现象并没有引起当时政府足够的重视，这也导致了金融泡沫的过度膨胀以及破裂引发了金融危机。在1929年10月爆发的"黑色星期四"导致了股票全面崩盘，也为这一次企业并购的浪潮奏响了闭幕的乐章。

3. 发生在20世纪50~60年代的第三次企业并购浪潮

在第二次世界大战后的20世纪50~60年代，发生了第三次大规模的企业并购浪潮，其规模以及涉及的企业大大超过了前两次并购浪潮。这一次浪潮中，诸多大型企业是其中的主力军，这次浪潮持续的时间也较长，并且最高潮在20世纪60年代末出现。最终结束是因为美国遭遇越南战争的失败，以及在西方国家中普遍爆发的石油危机使其逐渐走向衰落。

此次浪潮较前几次主要有以下几个不同的特点：

（1）这一次并购浪潮的主要形式是混合兼并。在美国国内这一时期涉及资产超过1000万美元以上的混合兼并案例中：1960年有51家、1965年有62家、在1968年有173家达到了顶峰。在另一个资本主义国家英国，混合兼并无论在企业数目上还是在兼并资产上都呈现了一个快速上升的发展趋势，在其国内的各类联合体和大多数不同行业选择通过这种形式逐步实现集团化（见表1-1）。

表1-1 工业、商业与金融业在英国国内混合兼并情况

年份	兼并企业数量	兼并资产（百万英镑）
1955~1959	44	57.57
1960~1964	40	87.61
1965~1969	60	1183.00

资料来源：周林．企业并购与金融整合[M]．北京：经济科学出版社，2002．

这种兼并模式能够帮助企业规模进一步扩大，并且再次提高产业的集中度，另外公司通过这种模式，可以持续增强自身拥有的市场垄断能力，最终形成大型混合垄断集团，帮助企业拥有成为市场价格的真正主导者的能力，并通过随意地操控市场价格来帮助这些集团获得巨额的垄断利润。

（2）资本市场在这一阶段中非常活跃，并且银行业中的资金集中化加剧。伴随着西方主要资本主义国家相继推出了一系列不同的金融法律法规，用来补充和完善国家法律法规体系，这也就造成了共同基金、公司股票以及债权和养

老金等一系列新兴的金融产品登上了历史的舞台。伴随着这些产品的逐渐走俏，相应的基金管理业务也全面兴起。与各个不同投资产品走俏的局面相比，银行业由于受到法律法规的限制逐渐减少直接参与企业并购活动。但是，银行业自身的并购却相反地呈现出了日趋活跃的趋势。1955 年花旗银行兼并了纽约第一国民银行，并将其取名为纽约第一花旗银行；这一名字一直到 1962 年又被改为第一花旗银行；到 1970 年时，美国拥有 10 亿美元以上资产的银行已增加到 80 家，其中 7 家资产超过了 100 亿美元。

4. 发生在 20 世纪 70~80 年代的第四次企业并购浪潮

西方几大资本主义国家的国内经济在 20 世纪 70 年代初期至 90 年代初期均呈现出稳定增长的趋势。美国整体经济实力在这一增长势头中仍然雄踞着世界经济霸主的地位，老牌资本主义国家日本以及德国经济的迅速崛起，另外还有实行改革开放政策的中国在经济建设方面取得的快速发展，这一系列的事件均使世界经济整体竞争格局发生了改变。在世界不同国家中均形成了传统行业"垂死挣扎"，而新兴产业却呈现出蓬勃发展的态势。各个国家的金融市场中均涌现出不同类型的创新活动，但政府对各种经济活动没有加以严苛的管制，这四大推动力推动了此次浪潮的发生与发展，也使第四次并购浪潮具有前所未有的规模，其与众不同的特点也是前面几次所没有的。

（1）这一次浪潮中发生的企业并购，皆带有十分强烈的经济结构调整的特征。由于世界经济在 20 世纪 80 年代进入整体产业结构调整的时期，日新月异的科学技术以及不断涌现的新兴产业，无疑在企业并购中扮演着十分重要的角色，被企业用来帮助所在地区大力发展新型高科技部门以及调整和改造传统产业部门。因此，资产剥离业务的相关并购活动在 80 年代中期占到了整个交易数量的 35% 以上。

（2）并购不再仅仅局限于前面传统的形式，而是逐渐变得多样化起来。人们开始广泛关注并购类型中的杠杆并购以及恶意并购，为了能够更好地配合调整经济结构，相关领域的专家开创性地向有关公司领导提出了许多不同于以往的并购形式，比如：杠杆并购、管理层并购、员工持股计划等。除此之外，还有过桥融资等新的并购技巧以及工具，这些新的技巧与工具都被人们所津津乐道。在这些并购形式中，因为有恶意并购这种形式的存在，所以为了抵抗恶意并购，所谓的"毒丸计划""焦土策略""白衣骑士"等一系列不同的策略也在这一时期问世，被用来帮助被兼并企业反抗恶意并购。

（3）第四次浪潮中的一个显著特征就是，跨国并购的案例层出不穷。20世纪80年代开始，某些知名跨国公司除了选择在海外直接进行投资活动之外，有些公司还直接选择将海外大企业并购进自己的公司，以节省交易成本。公司这样做大大节约了开阔海外市场的时间和精力。在90年代初期，年度平均跨国并购案例可以达到100~200件。在美国，从最常见的日用生产企业到药品生产企业，从零售业到保险业，到处都可以找到外国投资者的身影。

5. 发生在20世纪90年代一直延续至今的第五次企业并购浪潮

20世纪90年代，开始了全球范围的第五次企业并购浪潮，并一直延续至今，在这次浪潮中涌现出了一些十分重要的新特点，同时也给那些研究传统的并购动因理论的学者们提出了一系列新的问题。

（1）跨国并购热潮更加势不可当。1998年开始，许多国际知名巨头公司以及几个重要产业都被卷入到了这场跨国并购的热潮中。在美国，许多大公司纷纷在欧洲以及亚洲范围内收购了大量企业，在这些案例中较为知名的有美国得克萨斯公用事业收购英国能源集团，美国环球影业公司收购荷兰的波里莱姆公司，除此之外还有美国福特公司收购沃尔沃的轿车业务。与此同时，美国在亚洲境内掀起的收购浪潮被称为是"购买狂欢"，例如，韩国的大生公司被美国的德尔菲公司收购，日本国内大量的不动产也被美国企业收购等，一系列并购活动在亚洲不同国家上演。除此之外，更加引人注目的是，在这场浪潮中，美国公司也同时受到了来自海外公司的收购，发生了许多大手笔、快节奏的交易，最为典型的有英国知名通讯公司Vodafone（沃达丰）收购了美国通讯公司Airtouch，克莱斯勒被德国的戴姆勒集团收购。跨国并购的迅猛浪潮被英国石油对美国阿莫科石油的并购推向高潮,这笔交易最终成交的价格为568亿美元,这一数字创下了全球跨国并购的最高纪录。

(2)强势企业之间的合并显著增多,因此也创下了巨大的并购额度。原来"大鱼吃小鱼"的现象屡见不鲜,但是两个拥有同等实力的大巨头间的并购案例却很少见。1998年前,最高并购价格纪录是KKR集团在1988年以265亿美元收购国民饼干公司创下的。直到1998年,在这一年中发生的强强并购,几乎涵盖了每一个不同的国家中所有的重要行业,最后并购双方成交的金额总数也不断刷新着历史纪录。艾克森并购美孚案例以790亿美元的成交额,一举创下了并购史上并购费用最高的纪录。银行业并购价值的最高纪录则是由旅行者集团以72亿美元并购花旗集团案创下的。

(3)出现了许多横向并购,另外跨行业并购开始呈现出减少的趋势。除此之外,更多的企业开始选择合作型并购,发起的恶意并购数量开始逐渐减少。1998年开始,在一个同类型的行业之间发生的横向并购逐渐变得引人瞩目,并且我们能够在任何一个类型的行业中找到横向并购的典型案例,以汽车行业、石油行业等重要的国家支柱型产业为例。在这几个产业中,国民银行以616亿美元的成交金额收购美洲银行案、德意志银行以97亿美元收购纽约信孚银行,这些案例都是十分经典的横向并购。这些并购的发生都是为了通过合理的横向扩张来扩大企业自身的规模,从而最终达到降低运营成本,增加竞争力的目的。对于那些规模较小的公司来说,公司内部的相关领导则更想通过成功的横向并购来获得发展。

(4)除上文说到的横向并购之外,在一些新兴的行业中人们也能够轻易地找到跨行业并购的身影。跨行业的并购活动集中发生在1998年底至1999年初,主要是因为在这一时期高新技术领域发生的并购活动都呈现出十分明显的产业融合动向。1998年底微软公司成功收购了一家电话公司(Qwest)内部拥有的所有股票,通过这一次的收购行为使微软公司内部的电脑技术软件开发和电话网络经营等产业得以迅速实现融合,同时也能帮助微软公司发挥自己在软件开发与维护等方面的优势以及拓展具有广阔前景的网络电话和网络服务领域。1999年初美国境内出现了一股媒体业与网络业互相融合的新浪潮，在这股浪潮中，雅虎公司成功与福克斯公司实现了强强联手；另外，全国广播公司全面收购Snap，这一系列经典的网络公司股票并购活动都发生在那一时期。某些公司的领导选择通过计划实施某一项具体的并购活动来帮助其所领导的企业成功实现产业融合，这也是当今世界经济圈中值得我们密切关注的新兴动向之一。这些动向发生的主要原因是科学技术的进步，尤其是和我们的生活以及生产息息相关的电脑技术、网络软件以及数字化技术的高速发展，帮助传统媒体和电脑网络业相互融合；同时，通信业、娱乐业等诸多行业被数字化技术迅速渗透，也使得其本来的产业性质发生了翻天覆地的变化。许多之前不存在的新产业不断因为这股浪潮而出现在世人的视野中。这股浪潮势必会对各个国家中的产业结构变迁和未来的经济发展带来十分深刻且久远的影响。

前文我们主要论述的是世界范围内发生的五次并购浪潮，那么如果要研究企业并购在中国的发展历史，最早可以追溯到新中国成立之后至改革开放之前的一段时间，当时我国国内的企业进行了大量的公私合营以及关、停、并、转。从广义上讲，如果我们将这一时期发生的这些现象看成是企业并购活动的话，那么在这些并购活动中都具有十分强烈的政府指令性的特点，主要是因为在这一时期中，企业本质上只是政府的一个附属机构。伴随着改革开放理论的深入进展以及相关实践的突破和不断创新，在中国企业间发生的并购活动也逐渐出现了由低到高不断发展变化的可喜现象。大致可以划分为以下几个不同的阶段：

（1）先期试探阶段。这一阶段主要是从中共十一届三中全会起到1984年止，我国政府在中共十一届三中全会胜利召开之后，开始逐步改革我国原有的传统经济体制，1985年之前我国经济改革的重心一直停留在农村层面，对于城市企业的改革还仅仅处在逐渐恢复的阶段。可是即使这样，有关的乡镇企业也并未因为政策的支持而得到实际的成长,所以我国的企业并购活动在这一时期主要还是在尝试和摸索。

企业并购活动在这一阶段具有以下几个普遍特点:规模小,主要集中在国内少数地区;数量小,企业并购的数量极少;范围狭窄,仅局限于同一地区、同一行业或者同一部门之中;操作极其不规范,在所有可以找到的资料中都可以找到极强的政府行为色彩;十分单一的动机,基本上企业发起并购的动机都是为了帮助兼并企业消灭亏损企业或者帮助亏损企业继续生存。

(2)我国境内第一次企业并购的浪潮从1985年开始,到1992年底正式结束。这场浪潮的序幕由中共十二届三中全会作出的《关于经济体制改革的决定》拉开,在这之后中国政府开始将之前的发展战略重心从农村逐渐向城市转移。另外,企业并购的一系列问题也引起了业界人士的广泛关注。1987年中共十三大顺利召开,在此次会议中相关领导提出的报告里明确提出,小型国有企业在办理了相关手续之后,可以被转让给某个集体或者个人;1988年召开的第七届全国人民代表大会上则明确提出,把实行企业产权有偿转让作为深化企业改革的重要措施之一具体落实,从此以后,全国范围内企业并购得以迅速发展。

在这一时期内我国企业并购具有以下几个主要特点:规模在原有的基础上逐渐扩大,从原有的少数几个城市,逐渐扩展到全国范围;其所选择的并购对象从原先的一对一的单个并购模式逐渐转变到了一对多的复合并购模式,这一转变为日后培育集团企业打下了扎实的条件和基础;并购范围不再局限于某个单一行业之内,开始出现诸多跨行业并购活动;企业发起并购的动机不再只是单纯地为了能够拯救亏损的企业,而是开始关注并且利用并购的有利时机帮助企业所处的行业实现资源的优化配置,帮助政府来统一调整和改善经济结构;逐渐正规化的操作步骤,产权交易市场在我国部分区域开始兴起;多样化的并购形式,除了早期的出资购买、承债以及无偿划转等形式之外,还出现了控股式参股等不同形式。

（3）我国发生的第二次企业并购浪潮从1992年初开始一直到2000年结束。这场浪潮的开端是1992年的邓小平南方谈话，谈话的相关内容帮助我国经济改革再一次踏上快车道，中共十四届三中全会上，《中共中央关于建立社会主义市场经济体制若干问题的决定》顺利通过，也正式确立了建设社会主义市场经济体制的正确方向，改革企业股份制的步伐明显加快。在随后召开的中共十四届五中全会上，与会代表又全票通过了《中共中央关于制定国民经济和社会发展"九五"计划和2010年远景目标的建议》（以下简称《建议》），《建议》明确提出了"要通过存量资产的流动和重组对国有企业实施战略性重组改革"。追求扩大经营规模获取更多利润为目标的企业并购活动在激励和约束机制的双重压力下日趋高涨，并最终形成了我国第二次企业并购浪潮。

此次浪潮的普遍特点有：规模、范围在原有基础上继续扩张；产权交易市场逐渐完善和并购上市公司的不断出现，为企业产权货币化、证券化以及资源的合理高效流动提供了技术上的支持；另外一些负面现象的出现主要由于市场经济体制建设及理论研究滞后于并购实践，这些负面现象使并购活动中上市公司的关联交易并购行为以及国有企业并购过程中产生了一些消极的因素且持续发酵，为此次企业并购浪潮带来了一系列负面的影响；在此次并购浪潮中开始出现跨国并购的现象。

（4）企业并购在我国取得一个质的飞跃主要是从2000年初开始一直延续至今。2000年起在我国的上市公司中并购公司的数量以及并购的金额呈现出持续增长的态势。仅2000~2002年，这三年时间内，我国累计就有390家上市公司被并购（见表1-2）。

表1-2 2000~2002年上市公司并购情况

单位：家

年份	2000	2001	2002
新上市公司数量	133	70	69
上市公司并购累计披露数量	103	119	168

资料来源：朱宝宪. 中国并购评论（第一期）[M]. 北京：清华大学出版社，2003.

在这一阶段，相关交易成交金额十分巨大，越来越明确的并购目的和动机，以及越来越规范的操作流程还有大量参与到并购活动中来的上市公司和民营企业，都使企业并购朝着市场化运作方向的发展得到了进一步的推进，同时中国市场经济的潜在活力也在其中显露无遗。中国企业在这一时间段，以自己企业本身为主体开始大量地开展跨国并购，与此同时，国外企业也瞄准中国市场开始大量涌入我国开展相关的并购活动。基于这一现象，有关政府部门也相继制定并颁布了一系列政策法规文件，保护国内企业的相关权益不受到外来资产的侵害，在这一时间段问世的法律法规诸如《关于上市公司涉及外商投资有关问题的若干意见》《关于向外商转让上市公司国有股和法人有关问题的通知》《合格境外机构投资者境内投资管理暂行办法》等。上述的这一系列迹象都表明我国企业并购已经取得了一个阶段性的实质飞跃，换句话说，中国企业并购已经成功融入全球企业并购的大潮中。

第四节　企业并购重组的未来发展趋势

回首2017年以来企业并购重组的审核节奏是"年初放缓，年中提速"。我国的相关监管层除了频频发声鼓励并购重组发展之外，还表示要大幅简化有关行政审批的步骤，以此来鼓励以产业整合为目的的并购重组活动，并不断地声明要严格重组上市的相关要求条令对并购重组加强监管力度。因此，我国并购重组活动审批的通过率成为今年资本市场中的一大亮点，从通过率上也可以看出并购重组在我国市场中将步入一个崭新的阶段。

有可能会向以下几个方向发展：

1. 出境跨国并购数量的下降和我国境内并购数量逐渐稳定

根据投中信息旗下金融数据产品 CV Source 统计软件统计的近几年我国

企业出境跨国并购数据分析结果显示，2017年我国境内企业出境跨国并购最终失败的规模达到了158亿美元，这一数字相较2016年同时期出现了较大幅度的增长。随着有关企业对市场、技术和资源的需求欲望变得更强，2018年我国企业可能会面临更大的并购阻力。

另外，据商务部有关数据显示，在2018年的1~2月，我国境内的投资者对全球范围内的122个不同国家以及地区的1475家境外企业进行了非金融类的直接投资，累计实现投资924.2亿元（折合134.3亿美元），这一数字较之相同时期下降了52.8%。

2018年我国企业出境跨国并购数量可能出现下降。除此之外，以色列政府以及相关部门已经向我国政府正式提出希望通过对其开放投资外汇管制的申请，假如这一项提议得到我国政府的肯定和落实，那么中国企业在以色列境内的并购数量可能因此得到提升。

与我国企业出境跨国并购数量可能会出现下降的趋势不同，我国企业并购可能会在未来呈现出以下几个不同的趋势：第一，可能会获得足够的资金支持，据有关基金业协会的统计数据报告得出，2017年底私募基金规模已经成功超过了公募基金的规模，其中股权投资类基金获得了较大的发展，并购资金也获得了强大的后续支持。第二，国有企业持续改革，在2018年国企混合所有制改革将进一步得到推进，改革所涉及的相关行业与企业也将出现并购交易。第三，有关企业需求的提升，我国企业在经历了多年的竞争和发展后，急切需要通过有关并购来拓展原有的公司业务和市场，可是证监会等政府相关部门对并购重组的管制仍然十分严格。因此，2018年我国企业境内并购规模将在2017年的规模上继续保持，但也可能出现小幅增长的状况。

2. 相关人士十分看好工业自动化以及信息技术和通信服务

随着"工业4.0"在出境跨国并购上的推进，出境并购企业更多地青睐于工业自动化、信息技术等行业。另外，可能成为亮点的还有技术优势企业与知名消费品牌等。

在我国境内企业并购方面，除了原有的金融行业并购活动之外，并购交易的重点行业仍将是信息技术行业与工业。华为成为"5G"通信标准的制定者之一也标志着国内"5G"商用正式被提上了相关日程，也象征着通信行业在我国境内将迎来新一轮的并购热潮。各大通信运营商势必将顺应这一时代潮流，统一选择并购重组来提高自身的市场竞争力和扩大市场占有量。

3. 少数区域集中发生并购交易

在出境跨国并购方面，英国受到了"脱欧"事件的影响，但以其英国企业为目标的并购规模在2017年并未受到波及；相关数据显示，欧洲各国及以色列等中东国家仍然将是中国企业寻找目标的重要地区。除此之外，美国总统换届这一事件是否会对中国企业的并购交易产生影响尚待观察与考证。

在我国境内并购方面，由于受到我国整体经济发展水平的影响，国内相关经济发达省份将继续保持原有占据的境内并购交易份额，并且在并购市场活跃度和经济发展等方面继续呈现出相辅相成的局面。

4. 大有作为的财务投资者

2016年宝能为了能够获得万科的实际控制权而动用的并购基金凸显了并购交易活动中的一大普遍特点：高杠杆。

不管是出境跨国并购或者是境内并购，企业自身拥有的资金实力可能往往无法达到发起并购交易的要求，这时就需要擅长资本运作的财务投资者介入。基于这一现象我们可以推测，2018年将会出现更多的企业联合财务投资者以小博大，并能帮助我国企业加速提升实力。

5. 未来有关企业通过并购实现借壳上市仍然是一大热点

2018年收购仍然是我国企业发起并购的主要形式之一。IPO在证监会内部的审核速度虽然已经加快许多，但是借壳上市这一举动仍然是一大热点。

顺丰速运以433亿元的收购价格借壳鼎泰新材成功实现上市，在这一典型案例的"带领"下，优质企业在上市时，会着重考虑借壳上市行为的可行性。除此以外，2016年，我国上市的国有企业中，有部分企业加入到"卖壳"

大军中，这种现象也为待上市的企业提供了更多的选择空间和余地。

上述内容只是我们基于查找到的相关资料以及文献进行的判断和推理，各国经济市场中最有乐趣的一点在于其瞬息万变的市场动态，谁也无法准确预测下一秒在经济市场中会发生什么惊天动地的事件。所以我们只是尝试性地对企业并购重组的未来趋势和走向进行一个合理的判断和预测，假如文章的相关内容有不合适的地方，也欢迎广大读者指正。

第二章 企业并购重组的操作流程

第一节 企业并购重组的操作程序

一般而言,企业并购重组包括前期筹备、并购谈判、并购方案实施和并购整合四个阶段。

一、前期筹备阶段

企业以目前的行业状况、资产水平、经营发展现状以及企业未来发展战略和定位为基础,制定企业并购策略。一方面,企业要全面分析自身产品特点、品牌效益、经营规模以及财务现状的内部因素;另一方面,企业应明确了解自身所处的外部环境,包括行业前景、所处地区、市场占有率等。综合多方面信息,结合自身企业需求,对目标企业的财务现状、人力资源结构、经营管理情况等因素进行分析和比较,将研究结果以书面报告形式加以呈现,最终确认对于发动并购策略的企业而言最为适当的并购目标以及并购方案。

二、并购谈判阶段

在确认具体并购目标之后，就进入到谈判环节。以妥当的成本换取符合企业需求的利润，对目标企业进行多维度的信息调查，并时时留意其发展动态，选择最合适的时间节点、谈判策略与目标企业进行并购谈判。表明自身并购意愿与态度，然后根据事先所拟订好的初步方案于目标企业就相关金额、支付方式、持股比例、支付期限、增资数额、后续的经营方向、资产处理、人员安排、并购双方责任划分等细节进行全面协商，并不断调整最初方案，直至并购双方意见逐步统一，落实具体的并购合同条款。

三、并购方案实施阶段

在并购双方达成一致意见，并购合同生效之后，并购方案发展到实施阶段，并购双方需进行产权或资产的交换。发起并购方案的企业向目标企业支付价款，被并购方，也就是目标企业则依据并购合同，按照谈判所约定好的时间与交易方式将财产、股权、人员等转移至并购企业。对股份证书这类与并购实施相关的文件进行批准登记，其他与并购相关的文件则需要提交审核，通过相关变更手续划分所有权，同时进入并购重组后的整合环节。

四、并购整合阶段

当并购方案以及相关文件和手续逐一落实后，并购活动进入到最后的阶段：并购整合。并购发起企业开始正式接管目标企业。目标企业的资产、人员、股份等相关资源将依据并购合同规定逐步被并购发起企业纳入且统一管理。纳入合并之后，企业需要兼合目标企业的战略发展体系与企业文化，安置处理好目标企业的人员，共享经营理念与生产模式。依据最初的对企业自身需求的分析，利用合并而来的资源转变营销方式，一方面，拓展销售渠道，建立完善的产业体系以及产业链配置，尽快实现公司的生产运作；另一方面，发挥并购重组后形成的行业优势有效地对企业合并之间所存在的种种不足进行改良与弥补，促进企业持续健康发展。

第二节 企业并购重组的战略选择及分析工具

一、并购战略目标的解释

战略目标是对企业战略经营活动预期取得的主要成果的期望值。通过此定义，可推出并购的战略目标即通过充分地分析企业内部因素以及外部环境，对企业开展并购方案战略，并对所取得的成果进行预期并评估分值。进一步分析这一定义有两方面的含义：一方面，并购的战略目标是企业并购战略思维的简略版本，它能够反映并购企业发起并购活动意欲达到的程度。另一方面，战略目标是制定战略措施的重要依据，由于并购战略目标也在一定程度上反映了企业对于并购战略实施结果的意愿，因此它提供了整个并购的基本方向。简言之，它对并购活动具有概括性和指导性。所以，并购战略目标对于一系列并购活动而言，重要性不言而喻。明确的并购战略目标，能够帮助企业清晰界定并购战略方案选择的边界线，使企业能够更有目的地针对企业的需求，合理选择并购战略方案，有效规避偏离企业发展的需要以及对企业现状改善不大的方案。同时，这也从一定程度上增加了企业并购的成功率。目标清晰的方案能够给企业明确前景，促使企业集中企业资源，处理相关事宜，当决策者经过充分的思考，合理地调配相关资源来精心确认其并购的目标时，这一方案对于企业相比于无目标的决策自然更加具备正确性。

二、企业并购战略选择的基本原则

在确定企业的并购目标之后，要开始具体的企业并购战略选择，一个妥善的企业并购战略能够帮助企业以适当的代价换取最符合企业需求的利益，同时也是企业并购计划成功的保证。一个恰到好处的并购战略对于企业而言同样具备重要意义，但人是具备有限理性的生物，因此我们需要遵循一系列原则，保证企业在有限的条件下，尽可能地选择最妥当的并购战略。

（1）战略目标导向原则。如前文所言，战略目标是整个战略计划中最核心的部分，企业在实施并购时，需要以战略目标为首要标准，选择企业的并购战略。企业并购目标是企业开展并购战略原因的投影，通过对企业并购战略以及对企业本身进行透彻而明确的分析，确定企业需求，例如，是某种战略资源缺失？核心竞争力不足？人力资源短缺？是其中二者的组合？还是三类问题同时存在？在确定了具体问题后进而确定企业并购战略目标，并以此为基础对目标企业进行考察，确认目标企业是否有助于企业未来的战略发展。也就是说，如果目标企业存在符合发起并购企业未来发展战略的重要因素，那么发起并购企业应当对其进行适度的关注，根据目标企业拥有的战略因素和企业需求，选择适当的并购策略。但是反之，目标企业所拥有的战略因素对开展并购战略的企业没有实质性的帮助，那么即便是目标企业价格再低，对于开展战略的企业而言也是损失，是不明智的决策选择。

（2）系统性原则。系统性原则是企业并购战略方案的指导，要求企业对自身的内部及外部环境进行全面完善的思考。从外部环境而言，企业应当对自身所处的行业环境、地理因素等进行分析，分辨出影响企业发动并购战略的各种因素；从内部环境而言，企业需要对其本身进行全面的剖析，将动态的外部环境与相对静态的内部环境相结合，以静态的企业内部因素与动态的环境变化相匹配，确认自身未来发展需求，进而确定企业并购战略方案，最终实现企业并购的战略目标。

（3）谨慎性原则。企业并购战略涉及企业的方方面面，不仅要考虑企业资产变化，还要考虑人员变动、股份调整等一系列相关事宜。因此要秉承谨慎性的原则，开展企业并购战略活动。根据企业并购的战略目标，客观地评估并购战略所能够带来的收益以及自身所能支付的并购成本。谨慎性原则能够让企业清晰认识自己以及目标企业，从而使企业有效地规避作出超过自身实力的并购战略，间接性提高企业并购战略实施的成功率，降低自身损失。因此企业在选择并购战略时，首先要考虑所选战略带来的不确定性与风险性，对交易成本要进行全面的研究，根据企业的自身情况妥当制定相关数额，避免企业由于财力不足而中断并购计划。其次，要对目标企业进行全面细致的考察，客观地评估目标企业的战略价值。并购双方应该存在战略互补的关系，谨慎稳定地评估目标企业的价值，这样有利于并购双方构建稳定长远的关系，有利于并购战略的实施。

三、基于具体模式的企业并购战略选择

企业选择并购战略模式时，应根据企业各个模式的具体标准来进行选择。

（1）企业并购的战略模式。其一，一体化战略。一体化战略又称产业整合战略，简言之，就是一个企业对同一产业范围中的其他联动产业实行战略并购，整合其战略资源。依据企业对产业范围内整合方向的不一致，一体化战略又分为纵向一体化战略和横向一体化战略。

纵向一体化战略（产业垂直整合战略）是指企业通过战略，控制产业中的整个产业链，对产业内各个部分的生产要素进行有效的组织与控制，以此在市场中获取竞争优势。通过并购，产业逐步整合从原产品生产到产品最终完成的处于整个产业链不同部分的企业，最终完成某一产品的完全自主的生产与控制。纵向一体化有效地降低了产品的交易成本，将企业交易流程内化，通过多方企业的协同效应，拉大了产品的增值空间，为企业带来收益。

横向一体化战略（产业横向整合战略）是指通过并购行业中的其他同质企业，进而扩大企业规模与影响力，从而有效地降低生产成本，提高市场份额，在与其他同行企业竞争中获取优势。该战略的特点是以产业为核心的点状辐射，越来越多的企业把横向一体化作为扩张的重要战略举措，如华源集

团的收购、海信并购科龙、TCL集团的扩张等。横向一体化战略令企业规模快速增长，同质企业的协同效应使企业拥有了更大的市场份额，有效地营造出企业竞争优势。

其二，多元化战略。与目标为同一产业的一体化战略不同，多元化战略是一种把眼光投向其他产业领域的战略。根据其他领域的企业与本企业的相关程度，多元化战略又分为相关多元化战略和非相关多元化战略。

相关多元化战略是企业与原经营领域有一定关联的新领域的企业展开联动战略，以增强企业竞争优势，增强或扩展自己已有的资源和核心能力。一方面，企业与现有产品有很多关联性的行业互相协作，可以充分地利用相关企业生产能力、市场客户群体等资源，这种相似性能够促进新的产业结构尽快成形。另一方面，相关企业的其他元素能够有效地帮助企业获得多元核心能力，从而在市场中获得综合的竞争优势。

非相关多元化战略则是让企业与那些完全不相关的企业进行战略协作。与全新领域的行业合作能够使企业获得更加丰富的核心能力，进而提高防风险能力。理论上，虽然这样的协作对企业是十分有益的，但现实中，这样的合并案例极少，由于完全不同行业的工作性质、工资结构、人员配置等因素有极大的不同，因此需要并购战略实施企业的管理阶层有极高的能力与素质。通常而言，并购双方有一定的关联性，有利于提高企业并购的成功率。

（2）企业并购战略模式选择的标准。无论是选择多元化并购战略，还是一体化并购战略，都应当从企业需求出发，从企业战略目标出发。令企业能够获取所需的战略性资源，或有利于协同效应的产生，或有助于企业核心能力的强化或扩展。因此，企业在选择并购战略模式时，应当从企业实际出发，脚踏实地仰望星空，结合企业自身内在的产品经营方式、实际资源状况、所处产业位势和行业中的实际地位等方面的关系选择相应的战略模式。

在制定一体化战略时，应考虑以下几个问题：①该战略是否能够降低企业的竞争成本？能否提高企业的整体价值？能否令产业间产生协同效应？

②该战略是否有助于使企业获得所需的类似于供应网络、关键技术、营销网络等战略性资源？③该战略是否有助于构筑或强化企业的核心能力？能否增强企业的竞争能力等。同时应注意到一体化战略也存在许多问题，一体化战略面向同一行业领域，意味着企业将大量资源投入某一特定行业，等于把所有的鸡蛋放在一个篮子里，未来若是行业发生巨大变动，并购企业也必然受到损失。一体化战略的实施使企业投资风险增大，同时也降低了企业未来向其他产业转换的弹性。

当企业存在诸如某一方面的生产能力过剩、企业拥有雄厚的资金支持、管理能力较强等情况时，可以选择多元化战略。多元化战略推动企业兼顾不同的产业，因此能够促进企业资源获得充分利用、分散企业经营风险、获得更为复合的核心能力。

任何企业的资源与管理能力都是有限的，盲目地合并完全不了解的行业领域，会消耗大量的企业资源，不利于并购的长久进行。所以，企业多元化经营必须要谨慎地结合自身情况进行考虑，有选择地开展多元化策略。权衡短期与长期的利益，全面考虑合并企业的类型与特征。相关多元化战略建议新产业与主业具有一定的关联度，新产业的产品同原主业的产品有某种相关性或同质性，这样可以提高新产业与原主业的匹配性，最大限度地利用企业原来的资源、技术等。同时，实施相关多元化战略的企业，其不同产业的价值链非常相似，能使企业在经营不同业务时充分利用相似的价值链，创造更大的增值机会。另外，产业的关联度使得企业在并购时有效地压低合并成本和交易成本，有利于充分发挥主业的品牌优势、技术优势和管理优势，从而实现规模收益递增的目标。

第三节　如何寻找合适的目标企业

企业并购是一项复杂的系统工程，国外公司的并购经验表明：50%的并购是失败的，失败的原因80%在于目标公司选择的失误[①]。我国并购效果尤其欠佳，许多专家学者都认为在企业并购中，目标企业的选择至关重要。如果目标选择错误，后面的所有努力都将化为乌有。

一、协同效应最大化是选择目标企业的重要依据

关于企业并购产生的原因，国内外学者给出了各种理论解释，包括追求垄断、利润最大化、协同效应、规模经济、交易费用、市场权力、合理避税、建立企业集团、优化存量资产等。但哪个因素是企业并购的根本动因呢？众所周知，并购活动作为企业发展战略的一种方式，企业家们总是想方设法利用企业并购获得更大利益，实现企业价值最大化。企业并购是一种资源的分配和再分配的过程，通过并购活动，企业之间将资源重新分配，可以将原有资源的利用效果发挥到最佳，资源的有效配置和合理利用促进了企业价值的增值。这种资源互补、优势互补、价值增值的整体优势就是企业进行并购的根本动因，换言之，并购协同效应是企业并购的根本动因[②]。安索夫（1965）首次提出，"这种使公司的整体效益大于各独立组成部分总和的效应，即被称之为协同效应，经常被表述为'1+1>2'，目的是协助经理们在发展和多元化方面的问题上进行更好的决策[③]。"

---

① 杰弗里·C.胡克，胡克，陆猛. 兼并与收购实用指南[M]. 北京：经济科学出版社，2000.
② 克拉林格. 兼并与收购[M]. 北京：中国人民大学出版社，2000.
③ 张维，齐安甜. 企业并购理论研究评述[J]. 南开管理评论，2002,5（2）：21-26.

根据以上分析，协同效应有两个特点：第一，协同效应是一种能力和价值的增加；第二，其能力和价值的增加是以内部资源的重新配置为前提的。协同将对管理理念和经营实践产生深远的影响。特别是在企业发展的过程中，通过兼并收购的手段来实现企业的扩张，追求协同效应已经成为众多企业并购活动的出发点和目标，是企业并购的根本动因。国内外诸多实证研究也证明很多的企业并购都以协同效应为主要动机。因此，应该选择能够产生最大协同效应的被并购对象作为目标企业。

二、目标企业选择原则及其选择特点分析

1．目标企业的选择原则

20世纪90年代中期以来并购浪潮具有以下几个特征：

（1）以企业发展战略为基础。

（2）强调提高企业核心竞争力。

（3）注重并购企业之间的优势互补。

（4）并购绩效源于协同效应。

能否获取较高的协同效应是企业并购成功与否的关键。因此，结合这些特征，目标企业的选择应遵循的原则为：

（1）根据并购企业发展战略选择目标企业。这就意味着选择目标企业要与并购企业自身的发展目标和要求相一致。

（2）并购企业和目标企业在行业或核心技术或业务上要具有相关性。并购应该首选同业以增强主业优势，具有优势后再向纵向或多元化发展。

（3）选择能够弥补自身核心能力的目标企业。目标企业能够在一定程度上对本企业核心能力进行补充与加强，例如太极集团并购桐君阁，桐君阁较强的品牌效应与影响力有效地强化了太极集团的品牌效益，有利于其开展产品宣传策略。

（4）目标企业应具有盈利潜力。选择景气行业中拥有盈利潜力，但目前

由于经营不善等种种原因而盈利欠佳的目标企业,这种目标企业不仅购进价格较低且并购企业管理、技术、资金的投入能迅速改善目标企业目前不佳的经营状况,能够迅速发掘出目标企业潜在的盈利能力。比如海尔的"吃休克鱼"的思路。

(5)并购企业和目标企业文化互补或者差异可融合。并购双方的企业文化对企业并购活动也起到重要影响,两个企业的文化价值观过于近似或是过于不同都不利于企业并购。因此,并购企业在选择目标企业时,要客观地分析双方在文化上的差异性和互补性。

2. 目标企业选择特点

综上分析并购特征和目标企业选择原则,并购目标企业的选择具有以下特点:

(1)涉及因素众多。涉及行业、财务、经营、技术、市场、经济政策、区位环境等诸多因素。

(2)多目标性。并购的目标企业选择不仅仅是要保证并购活动的顺利进行,更是为了获得经营、管理、财务的协同效应,只有能够最终获得最大协同效应的并购才是真正成功的并购。

(3)涉及因素复杂。既有净现金流量、资产负债率、市场占有率等定量因素,同时又存在着许多难以定量的定性因素,如企业技术进步、企业文化的价值、人力资本等方面[①]。

第四节 企业并购重组的价值评估方法

对目标企业作出客观全面的价值评估,一直是企业并购活动中最为复杂

---

① 罗浩,李心丹. 并购的理论和实证研究发展[J]. 现代管理科学,2004(3):10-11.

的环节，它分为企业目标估值和最终交易定价两个阶段。若是企业想在并购活动中达成自身战略目标，并且对并购战略进行长远的筹划，就需要并购战略企业能够准确地认清自身实力，多维、客观地对目标企业进行评估，充分考虑并购后可能产生的协同效益并预期，从而确定交易定价。同时并购过程也是价值创造实现的过程。并购产生的净值等于收购公司与目标公司的合并价值去掉一个最好选择后的价值，再减去收购价格。要使一个并购交易成功，就要为股东创造价值，全面的尽职调查为价值评估奠定了坚实的基础。

在交易执行阶段，价值评估成为确定收购谈判价格的基准。这个基准为谈判和"绕开"失去价值的交易打下坚实的基础。并购交易经常出现股东期望的价值、创造目标未能实现的情况，其中一个原因是买方为目标付了过高的价格或没有准确把握目标公司的价值驱动要素，以致价值评估的假设条件和参数在后来的整合过程中出现了较大的偏差。对目标公司全面、谨慎的价值评估可以降低这类风险发生的概率。估值的另一个重要作用就是帮助收购方分析并购带来的协同效应，从战略评价的角度讲，寻求和创造协同效应是进行并购的前提。当然协同效应并不能靠估值模型实现，而是取决于交易后的整合过程。但对协同效应的分析可以帮助收购方识别和确定后期整合过程的工作重点，构建协同效应创造的机制。

在企业并购中，价值评估方法的正确运用至关重要，尤其是当企业并购时提出的企业整体价值评估更为重要。毋庸置疑，经济转型期的价值评估和企业整体价值评估面临的问题更为复杂。企业价值评估作为一个新领域和职业服务，在理念和方法方面经历了一个较快的发展过程。企业价值评估理念的发展，主要体现在评估方法的发展上。企业价值评估方法的发展包括：由简单到复杂，由单项、局部到整体，由有形资产到综合评价有形资产和无形资产，由确定性资产价值到综合评价确定性资产价值和不确定性资产价值，由资产当前价值到当前价值和未来投资机会价值，由主观价值判断为主到主观判断与客观判断并存和综合运用。

关于企业价值评估的方法,由于价值评估领域理论和方法的迅速发展,此领域存在着很多不同的看法。了解这些不同的看法,可以帮助我们理解企业价值评估的发展过程和趋势,把握企业价值评估具体方法的本质、适用条件以及优点和局限,以便更好地把握评估方法的正确选择,做好评估的前期准备,正确地认识评估结果。

Smith 等(1989)认为,企业价值评估主要有三种方法,即成本法、收益法和市场法。这些方法是公认的资产评估的传统方法[1]。Reilly 和 Schweihs(1997)认为,企业价值评估主要有三种方法,即净现金流量折现法、市场价值比较法和累计资产法[2]。Aswath Damodaran(2005)认为,企业价值评估主要有三种方法,即现金流量折现评估方法、相对价值评估方法和或有要求权价值评估方法[3]。费里斯和佩蒂等(2003)认为,评估目标公司资产的主流模式分为两大类:相对资产评估模式和直接资产评估模式。前者包括利润乘数资产评估、收入乘数资产评估和账面价格乘数资产评估;后者包括现金流量折现分析法、调整后现值分析法、净资产分析法和经济价值分析法[4]。奚玉芹、金永红(2004)认为,企业价值的评估方法包括以下类别:现金流贴现估价法、相对比率估价法、期权估价法、经济增加值估价法和业务分拆估价法[5]。杨俊远(2004)认为,企业价值评估方法主要有四种方法,即账面价值法、市值法、类比价值法和折现现金流量法[6]。

---

[1] G. V. Smith & R. L. Parr. Valuation of Intellectual Property and Intangible Assets[M]. New Jersey: Wiley, 1989.

[2] R. F. Reilly & R. P. Schweihs. Valuing Accounting Practices: An Example[J]. Ohio Cpa Journal, 1997(4).

[3] Aswath Damodaran. Investment Valuation Tools and Techniques for Determining the Value of Any Asset [J]. 中国经贸, 2005, (12): 87-87.

[4] 肯尼思·R. 费里斯, 芭芭拉·S. 佩舍雷·佩蒂. 资产评估[M]. 北京: 机械工业出版社, 2003.

[5] 奚玉芹, 金永红. 企业薪酬与绩效管理体系设计[M]. 北京: 机械工业出版社, 2004.

[6] 杨俊远. 现代企业资金管理研究[M]. 北京: 中国财政经济出版社, 2004.

不同学者对于价值评估研究以及方法都有着不同的见解，这使价值评估成为并购活动中最为复杂的环节之一。价值评估不仅与评估对象的特点密切相关，所使用的评估方法对其也有很大的影响。时代发展不断地催生新型产业，也推动了价值评估方法类别的不断演进。传统的评估方法对于新兴产业价值评估具有一定的局限性，但对于传统产业却依然适用。新兴的价值评估方法在一些特定方面具有不可比拟的优势，但是普适性不高。不论新方法还是旧方法，二者不存在简单的替代或者互补关系，即便是国际上通用的评估方法，在某些情况下，也有可能效果不佳。由此可见，不同的价值评估方法虽然都是基于相似的评估原理与基本原则，但是它们都具备其独特的意义与优势。因此，在评估过程中，需要我们根据实际情况，选择适当的评估方法。

第五节　企业并购重组的评估方法

一、折现现金流量评估方法

根据财务理论中的投资价值评估基本原则，资产的价值是其预期未来现金流量的贴现值。这样，我们就可以寻求预期未来现金流量的贴现值在被评估资产与其预期未来现金净流入之间建立起联系，如此，折现现金流量模型就具有较强的适用性，在评估并购企业价值中尤其如此。

折现现金流量评估理论是借助若干现金流量估价模型表现的。现金流量估价模型的基本原理是，任何资产的价值等于其预期未来全部现金流量的现值总和。这样一来，任何资产的价值都可以直观地表示为以预期现金流量、预期现金流量的时间分布和预期现金流量的相关风险为变量的函数。下列模型是现金流量评估方法的基础模型：

$$价值 = \sum_{t=1}^{t=n} \frac{CF_t}{(1+r)^t}$$

其中，n 表示资产的收益年限；CF_t 表示第 t 年的现金流量；r 表示反映现金流量风险的贴现率。

现金流量评估方法的基础模型给出了我们现金流量估价的基本思路，为学者们更为具体和详尽地分析它提供了一个明晰的框架。

由于预期现金流量的口径不同，现金流量估价模型就有不同的表现方式，从而服务于不同的评估目的。在对公司价值进行评估时，则应当对评估对象进行区分，从而选择合适的模型。评估公司价值应用的现金流量估价模型所适用的现金流量主要有：权益现金流量和公司现金流量。基于权益现金流量建立的现金流量估价模型适于对公司的股权资本价值进行的评估，包括普通股和优先股的权益价值评估，从公司资产的角度表现为公司净资产价值的评估。基于公司现金流量建立的现金流量估价模型则适于对公司整体价值进行评估，公司整体价值包括股东权益价值与债权人以及优先股股东等利益相关者的权益价值之和，也就是公司整体资产价值的全面评估。因此，公司价值评估中的现金流量分析方法需要对权益现金流量和公司现金流量这两种现金流量加以区分，并且两种方法所用的现金流量和贴现率不同。

1. 权益价值评估

用折现现金流量评估方法评估权益价值，实际上就是确定预期权益现金流量的现值，需要借用权益成本和预期权益现金流量折现值两个变量。权益成本是指公司权益投资者要求的收益，权益现金流量就是扣除经营费用、利息支付以及为了维持增长率的资本支出之后的预期现金流量。预期权益现金流量折现值等于企业现金总流入量与所有费用、税金、利息和工资之差的折现值。股权资本现金流量估价模型如下：

$$权益价值 = \sum_{t=1}^{t=n} \frac{权益 CF_t}{(1+k_e)^t}$$

其中，权益 CF_t 表示 t 时期预期权益现金流量；k_e 表示权益成本。

2. 公司价值评估

用折现现金流量评估方法评估公司价值，实际上就是确定公司全部资产预期现金流量的现值，需要借用公司资本的加权平均成本和预期公司现金流量折现值两个变量。公司资本加权平均成本是指对公司的不同融资按其比例加权平均得出的公司资本成本。公司现金流量就是所有现金流入和流出的现金流量的总和。预期公司现金流量折现值等于企业现金总流入量与所有费用、税金和工资之差的折现值。公司价值现金流量估价模型如下：

$$权益价值 = \sum_{t=1}^{t=n} \frac{公司\ CF_t}{(1+WACC)^t}$$

其中，公司 CF_t 表示 t 时期公司的预期现金流量；WACC 表示加权平均的资本成本。

需要说明的是，折现现金流量估价法是从价值创造的角度对公司进行估价，因而对于持续经营的公司而言，显然更能够表现公司价值的实质。折现现金流量估价法是以预期的现金流量和贴现率为基础的，起决定作用的两个因素有如下约束条件：一是公司目前现金流量为正；二是未来一段时间内公司现金流量及其风险是能够可靠地估计的，并且可以根据风险估计得出现金流量的贴现率。

因此，折现现金流量估价法虽然是当前主流的评估方法，但在某些特定条件下却存在应用上的困难。Damodaran（2000）概括和分析了这些情况和对应的评估对策。这些情况包括对处于困境中的公司的价值评估、对收入和现金流量呈现周期性的公司的价值评估、对拥有闲置资产的公司的价值评估、对拥有专利或者产品期权的公司的价值的评估、对资产重组过程中的价值的评估、对处于被收购中的公司的价值的评估、对私营公司的价值的评估。需要说明的是，红利折现估价方法实际上是现金流量估价理论的一个特例，但并不适于不派发股利或不规则派发股利的情况①。

---

① 阿斯瓦斯·达摩达兰. 应用公司理财[M]. 北京：机械工业出版社，2000.

根据企业发展阶段的不同特点，采用现金流量估价模型进行权益价值评估和公司价值评估还可以根据公司发展的特征采用适当的模型，即稳定增长模型、二阶段模型和三阶段模型。它们分别适用于以下三种情形：模型一，公司一直处于稳定增长阶段；模型二，公司在前一时期以较高的速度增长，然后立即进入稳定增长阶段；模型三，公司的发展在经历高速增长阶段后，经历了一个过渡阶段，后进入稳定增长阶段。

二、相对比较估价方法

相对比较估价方法也称比率估价法或相对比较乘数法，是通过销售额、现金流量、账面价值等变量来比较可比较资产项目、类别、整个企业的价值评估方法。由于评估对象与参照公司上述变量的绝对值间的比较往往掺杂诸如规模等因素的影响，因而用于价值评估的比较变量要尽可能避免采用绝对数，通行的比较方法是借用与上述变量密切相关的相对数来进行比较，在大多数场合下应采取一些相对指标，诸如市盈率、价格/账面价值比率、价格/销售额比率、价格/现金流量比率、价格/股息比率、市场价值/重置价值比率等。因此，相对比较估价方法也往往被称为比率估价法。

市场上存在大量有交易的、可比的公司且市场大体上能够正确评价这些公司。由于比率估价法评估的是企业的市场价值，如果参照的比率包括了市场对这些参照公司的错误评价，评估结果就会发生错误。同时，比率估价法在评估控制样本的选择方面易有随意性的特点，因而有可能被误用或操纵。尽管如此，由于比率估价法具有简单明了、计算量小、参数容易取得、容易掌握等优点，因而在企业价值评估中得到广泛应用。

三、现行市价评估方法

现行市价评估方法是可直接利用股票市场的供求关系以及价格生成机制对目标公司进行估值的方法。如果目标公司是上市公司，则可利用资本市场的定价功能，直接在股票市场完成并购活动。如果目标公司是非上市公司，则需要在资本市场选择与目标公司相类似的参照公司，在对参照公司相关估价参数进行适当修正的基础上，类推目标公司的评估价值。

对上市公司来说，如果股票市场是充分有效的，上市公司的股票价格能够反映市场对该公司的经营业绩、未来成长性和可能存在风险的预期，那么并购公司可根据现行市价确定其购买价格。但在实际并购过程中，并购公司支付的购买价格往往高于股票现行市价，即按溢价并购。解释这种现象的理论有三种：

（1）价值增值分配论。在并购活动中，通过并购双方重组和整合产生的协同效应和价值增值，是利用并购双方的资源共同创造和贡献的，因此应将并购后的预期增量收益拿出一部分作为市场溢价支付给目标公司的股东。

（2）控制权溢价论。如果并购公司通过收购股票而取得目标公司的相对控股权，就必须为此支付溢价。这里的"控制权"，事实上是一种无形资产，只要并购公司取得了目标公司的相对控股地位，对目标公司的资产就具有相对的处置权、经营权和收益分配权。因此，并购溢价反映了获得目标公司控制权的价值。

（3）诱饵论。并购公司通常以高于市价的出价作为诱饵，诱使目标公司股东尽快放弃公司控制权，促使目标公司股东尽快脱手其手中持有的股票，而不管支付的市场溢价能否得到补偿。尤其是近年来愈演愈烈的并购大战，使竞争激烈的并购市场逐步脱离其本身应有的经济意义。

事实上，并购行为本身就向市场投资者以及潜在投资者传递了一个利好消息，即目标公司的股票被低估了。因此，在并购宣布后（或在并购消息泄露后），目标公司的股票价格通常会有所上升。并购宣布日前后股票价格的差额基本反映了投资者对并购行为可能带来价值增值的合理预期。

1. 或有要求权价值评估方法

或有要求权的实现取决于某一特定事件是否发生或某一设定条件是否履

行。一旦作为约束条件的事件或条件发生或履行，这样的要求权就能够实现，从而导致现金流入，具有资产的性质，因而具有价值。或有要求权主要指期权和具有期权性质的一些资产。

2. 期权价值评估法

期权也称选择权，既是一种或有要求权，也是一种资产。与其他资产不同的是其现金流量只在特定情况下才发生。期权持有人有权利在未来一段时间内，以一定价格向对方购买或出售一定数量的特定标的物，但这种做法并非是义务的。具有期权性质的资产的例子很多，如认股权证就是公司发放的长期买方期权。权益也可视为对公司价值的买方期权，其中债务的账面价值可视为其执行价格，债务的期限可视为期权的期限。专利也可以作为产品的买方期权来分析，获得专利项目的投资费用可视为执行价格，专利期限可视为期权期限。矿业权和油气储量也存在类似的情况。

期权价值评估主要有布莱克—舒尔兹期权定价模型和二项树期权定价模型。这些模型不仅可以评价期权资产的价值，还可以用来评估任何包含期权特征的资产。根据期权的性质，期权的价值可以通过一系列变量来评估。评估期权价值的变量包括标的资产价值的现值及其变动、执行价值、期权期限和无风险利率。布莱克—舒尔兹的期权定价模型中的变量没有包括股息且假定期权不能提早执行；扩展的期权定价模型则可以考虑更多的变量；二项树定价模型是标的资产价格连续时间模型的离散时间形式，将一段时间分割成许多小段，随机地对变量可能的轨迹进行取样，由此算出变量将来的概率分布。

期权有买方期权与卖方期权之分。买方期权与卖方期权本身的特征，决定了被评估期权或类似资产的评估价值的认定。买方期权在标的资产的价格超过执行价格时产生现金流量，卖方期权在标的资产价格低于执行价格时产生现金流量。因此，如果某项资产在标的资产的价值上升时可以获得价值，这项资产就可以视作买方期权来进行价值评估；如果标的资产的价值没有超过预先设定的水平，待评估的资产则没有价值；如果某项资产在标的资产的价值下降时可以获得价值,这项资产就可以视作卖方期权来评估;如果标的资产的价值超过预先设定的水平,待评估的资产则没有价值。因此,具有期权性质的待评估资产的价值就是在作为约束条件的事件或条件发生或履行的情况下标的资产的价值与预先设定的水平之间的差额。

四、剩余收益估价法

上述评估方法更多地依赖资本市场数据,对在资本市场偏离常态下的价值评估和非上市公司的价值评估方面表现平平。如何回归本原,从反映企业价值信息的会计数据方面开掘价值评估方法,是一个非常重要和现实的命题。

系统的两个一般特征:①盈余具有持续性;②存在财务数据之外的影响企业权益资本价值的其他信息。对于具有这两种特征的会计系统,企业权益价值可以表示为账面价值、会计盈余和其他信息三个变量的线性函数。随后,Feltham 和 Ohlson(2010)将企业的资产区分为财务资产和经营资产,其中经营资产是超常利润的源泉,由此建立了超常收益的信息动态模型。在这个模型中,他们将上一期的超常收益、本期的经营性资产和其他非利润信息作为本期的超常收益的解释变量。他们认为企业权益资本价值由两部分构成:一是企业财务资产,其价值等于账面价值;二是企业的经营资产,其价值等于经营活动现金流量的净现值。进一步说,该现值等于经营资产的账面价值加上相应的超常经营盈余折现值。剩余收益估价模型认为,企业的内在价值(市场价值的表征变量)等于企业的账面净值与剩余收益的现值之和[①]。

五、经济价值分析评估法

经济价值分析评估法也就是经济增加值评估法,是以经济收益为基础,从股权投资者的立场进行的企业价值分析。经济价值分析以经济收益的概念

---

① Feltham G.A., Ohlson J.A. Valuation and Clean Surplus Accounting for Operating and Financial Activities[J]. Contemporary Accounting Research, 2010, 11(2): 689-731.

和只有公司经济收益为正值时股东才能受益的观点为基础。经济收益是同会计收益相区别的收益，是企业在一定期间所创造的经济价值，是企业经过一定期间的经营所创造的增加值，也就是会计收益与净资产资本成本之差。也就是说，会计收益是扣除债务资本的机会成本（即利息开支）的收益，但没有扣除净资产的机会成本，经济收益则是扣除了债务资本成本和权益资本成本之后的收益。在经济价值分析法中，公司的价值由三个部分组成：初始资本投资、在确定的预测周期内经济收益的当前价值、以目标公司加权平均资本成本折现的公司连续价值的当前价值。经济价值指标一般是在会计收益指标的基础上经过一系列调整得到的。经济价值分析评估法与现金流量折现评估法的基本原理相似，区别主要在于前者仅是对经济增加值进行折现。这样一来，经济价值分析评估法就把企业价值评估与提高企业竞争力、促进企业增长相联系，是用股东的眼光考察公司收益在扣除公司股权资本成本和债务资本成本之后的价值创造力。

六、业务分拆评估法

由于控股型上市公司大多实施多元化经营战略，母公司只从事其中很小一部分业务或者不从事实际业务，母子公司以及子公司之间的主要业务联系往往不密切或者根本没有联系。因此，在集团控股子公司处于不同行业、业务和区域的情况下，运用统一的估价方法对集团公司整体价值进行评估，往往由于周转率、增长率、风险等方面的差异，导致评估结果的偏颇。业务分拆评估法则可以很好地解决这方面的问题。

业务分拆评估法是对集团公司各子公司按照业务特征分别估价，最后加总获得公司整体价值的方法。业务分拆评估法的实施可以以现金流量折现方法为基础，这样一来，需要取得被评估上市公司的大量财务数据和被评估上市公司控股子公司的财务数据；在可以获得被评估上市公司控股公司及其子公司主营业务收入和主营业务成本的情况下，还可以以相对比率评估法为基础实施业务分拆评估法。在这种情况下，价格销售额比率比较适用。

七、调整账面价值评估法

调整账面价值评估法是资产评估早期普遍采用的方法，也是评估单项资产的一种有效方法。这种方法是对资产负债表项目的价值进行调整。对于货币性项目的调整，一般物价水平指数以及市价具有一定的参照价值。对于非货币性资产，个别和类别价格指数比较具有参考意义，但普遍是以市场上相同或类似资产的价格替代当前的账面价值。因此，调整账面价值估价法，实际上是试图用参照市价或估计的重置成本取代各项资产的净账面价值，在理想的情况下调整后的账面价值会趋近市场价值。由于技术的发展和劳动生产率的提高，非货币性资产的估价需要考虑技术陈旧和运行成本及效率相对落后等因素的影响。

第六节　并购重组后二者的整合计划

全球范围内不成功的并购案例中，80%以上的失败案例直接或间接源于并购后两家或多家企业的整合失败。因此，决定企业并购是否成功的关键不仅在于并购的具体操作是否正确，还在于并购后的企业是否能进行有效整合与企业竞争力是否真正增强。在学术派和实践派热衷于研究企业并购的战略和策略的同时，却往往忽视并购后的整合。不少的企业并购后整合不力，导致了整个战略失败或者部分战略失败，这不能不引起人们的重视。从某种意义而言，并购容易整合难，并购企业要进行及时有效的战略整合、组织整合、财务整合、人员整合和文化整合，因为它们不仅关系到并购战略意图能否贯彻，还关系到并购方能否对被并购方实施有效控制以及并购目的的实现。

一、企业并购后整合的重要性

当两个企业发生并购后,资产的所有权发生了转移,并购发起企业必然要统筹安排、综合考虑,也就是要对并购吸收的人员、资产等进行有效的整合,对目标企业实行一体化经营。实证研究结果表明,并购领域存在着"70/70"的现象,即当今世界70%的企业并购后未能实现期望的商业价值;70%的并购失败直接或间接起因于并购后的整合过程。目标公司被收购后很容易形成经营混乱的局面,尤其是在敌意收购的情况下,许多管理人员纷纷离去、客户流失、被并购企业生产混乱。因此,需要对目标公司进行迅速有效的整合,同时由于并购整合涉及企业股东、管理层、雇员、政府机构和资本市场等多个利益主体,涉及战略、组织、人事、资产、运营流程等一系列重大而关键问题的调整和重组,并且这些问题都需要同步尽快得到解决。因此,整合的任务很艰巨、难度很大。从国内外的并购案例看,企业并购绝不是两个或多个企业的简单合并或形式上的组合,每一次并购成功都与并购后的整合管理息息相关,整合成本也往往是直接收购成本的数倍。

二、并购后整合的主要内容

企业并购后整合的主要内容包括战略整合、组织与制度整合、财务整合、人力资源整合和企业文化整合等。

1. 战略整合

并购后的企业都存在一个企业内部的发展战略同创的过程,或者是将并购企业的发展战略自然延伸到被并购企业,使被并购企业执行并购企业的发展战略;或者是保留被并购企业的发展战略,使并购企业的发展战略得以拓展,被并购企业的发展战略成为并购后企业发展战略的重要组成部分;或者根据并购后企业的状况重新制定企业发展战略。以上三种方法确立的企业发展战略对并购双方都有约束力,它有利于实现企业内部各职能机构之间的分工和协作，便于企业优化经济结构、实现资源配置的优化和效益的最大化。

企业并购后，战略整合是其他整合的根本前提，衡量并购成败的关键因素之一就是要看并购是否使企业的战略意图得以实现，换言之，并购是否服务于企业的长期发展战略。只有符合企业的长远发展战略、旨在提升核心竞争力、强化竞争优势的企业并购行为，才能为企业创造持续效益，才能为股东和利益相关者创造更大价值。同时，并购是一项涉及企业所有权和控制权转移的系统工程，也是决定控制权增效的关键。因此，并购活动一般都与并购双方的战略安排或战略调整密切相关。

战略整合不仅要获得新的核心能力，还要解决新能力与原核心能力兼容的问题，既要保持并进一步强化核心能力，同时又要通过并购在新的经营领域获取新的竞争优势，赋予企业核心能力、新要素和新活力，这些都是企业在并购过程中需同时考虑的战略性问题。

2. 组织与制度整合

组织是战略得以实施的基础，组织整合可以从两个方面着手：一是在战略牵引下重塑组织愿景和使命。组织整合是一项"牵一发而动全身"的工作，涉及组织内外各种利益相关者的诸多利益，通过明确的发展愿景和使命，可以使企业内外的股东、管理者和员工增强大局意识，增强使命感和责任感。二是重构组织结构。组织结构重组的主要任务除改组董事会和调整管理层外，还包括职位分析、职能调整、部门设置、流程再造和人员调配。其目标是在企业并购后形成一个集规范性和效率性于一体、传承与变革有机统一的组织体系，形成一个开放性与自律性有机结合的权力系统，使整合后的管理层次、管理幅度更加科学合理，各事业部、战略业务单元和职能部门的责、权、利更加清晰。

制度整合体现为并购双方人事、财务、营销和开发等职能制度的优势互补。通常，并购方会将本公司优秀的管理制度移植到目标公司，以提高其内部管理效率。同时，并购方还会充分利用目标公司优良的制度弥补自身不足。对于那些组织健全、制度完善、管理规范、财务状况良好的企业，并购方可继续沿用其管理制度，以便保持制度的稳定性和连续性。但大多数情况下，被并购的企业中不都存在制度落后、机制陈旧、思想保守、组织涣散、管理无序的问题。

3. 财务整合

财务整合是指并购方对被并购方的财务制度体系、会计核算体系统一管理和监控，使被并购企业按并购方的财务制度运营，最终达到对并购企业经营、投资、融资等财务活动实施有效管理和收益最大化。财务整合是企业扩张的需要，是发挥企业并购后财务协同效应的基础，是并购方对被并购方实施有效控制的根本途径，更是实现并购战略目的的重要保障。通过财务整合，企业可以建立、健全高效的财务制度体系，实现一体化管理，从而使各种信息与数据得到最大限度的共享和高效利用。财务整合过程，主要包括财务目标导向整合、财务结果与管理制度整合、会计核算体系整合和业绩评估体系的整合。整合后的财务控制是保证财务整合有效实施的基础，没有财务控制的整合是难以成功的。

4. 人力资源整合

人力资源整合是要通过各种手段做到让双方员工接受这次并购，并能相互了解、相互理解，接受各自的差异，达成对未来共同的期望，以实现并购最终的共同目标。通常，并购发生后，被并购企业员工忐忑不安，会产生较大的压力、紧迫感和焦虑，进而出现人员流失的问题。如果关键人员大量流失，并购成效就会大打折扣。1987年，中国台湾宏碁电脑公司收购了美国生产微型电脑的康点公司，但此后3年内累计亏损5亿美元。1989年，宏碁公司只好以撤资告终。其失败的真正原因是"人力资源整合策略"出现了故障。留住关键人员是并购后人力资源整合的重中之重。"千军易得，一将难求"，关键人员是企业的战略性资产，是企业未来成功的关键。企业应采取切实可行的措施，留住或稳定这些重要人才，现代企业竞争的实质是人才的竞争，人才是企业的重要资源，尤其是管理人员、技术人员和熟练工人。企业并购中，如何整合并购双方的人才是并购企业所要解决的首要课题。

5. 企业文化整合

并购后最难的莫过于企业文化的整合。据统计，过去20多年中，全球有65%的并购以失败告终，其中85%的CEO承认管理风格和公司文化差异是造成并购失败的主要原因。文化整合之所以成为并购整合中最困难的任务，原因在于：一是企业文化深深根植于企业的历史之中，旷日持久、根深蒂固，深刻地影响员工的价值取向和行为方式。企业文化整合本质上是对企业中人的思想和行为的改变，这绝非规章制度和操作规程所能解决的，需要潜移默化、耳濡目染、熏陶渗透，很难"毕其功于一役"。二是文化整合不是简单地用一种文化替代另一种文化，或者使几种文化孤立并存，这样的情况下，冲突和碰撞不可避免。冲突和碰撞的化解与融合实属不易，在两种或多种文化集权程度、开放性、正规性等方面差异较大的情况下，整合的难度则更大。

三、并购整合的实施过程

企业并购后整合的实施过程大致包括四个阶段：整合规划与评估阶段、整合计划制订阶段、整合计划实施阶段、整合评价与改进阶段。

第一阶段：整合规划与评估阶段，积极的整合策略始于并购前期，在选择并购目标，进行谨慎性调查时就要分析组织的匹配性、业务的关联性以及文化的相容性等，以便确定核心能力的转移能否实现，并购整合后能否产生足够的协同效益。

第二阶段：整合计划制订阶段，在分析评估的基础上正式组建整合团队，安排整合项目经理，制订全面的整合计划，并设定"整合里程碑"。整合计划是用来确切地规划何时和怎样合并双方公司的主要资源、资产、业务流程和义务，以形成新合并公司战略目标等一系列纲领性文件。整合计划中应包括3个基本要素：新公司的战略目标，对资源、系统和职责的整合将如何支持这些目标，以及整合的优先顺序和时间表。

第三阶段：整合计划实施阶段，这一阶段具体实施整合计划，涉及公司治理结构、公司战略、人力资源、有形资产和无形资产等财务资产、业务及管理流程等的整合，是整合成功的关键阶段。在此阶段，无论是何种类型的并购方案，目标公司都会产生消极情绪，从而导致管理失意和生产力的破坏。在计划实施过程中，需要注意策略和方法，随着整合过程的深入，及时对整合计划进行反馈和调整。

第四阶段：整合评价与改进阶段，随着整合计划的完成，合并后新公司的董事会需要及时对整合计划的实施效果、整合团队的工作绩效进行评价和审计。发现存在的问题后，根据评价结果和存在的问题，明确未来还需进行哪些方面的整合工作以及如何进行，制订长期的改进计划。

总之，企业并购后的整合是一个有起点无终点的系统工程，整合的效果在很大程度上决定了并购企业的命运。选择恰当的整合策略，使并购双方在制度、机制、组织和文化上协同运作，才能增强企业的核心能力。

企业在并购重组中面临的风险

第一节 并购重组前的风险与对策

一、战略风险

企业发展战略为企业的发展指明了道路，是企业发展壮大的重要保障。它指出企业未来应该怎样发展，发展的方向是什么，发展的中心在哪里。企业如果没有制定好科学的战略，就是无头的苍蝇，到处乱飞，就容易出现经营混乱的局面。企业战略涉及许多层面，比如并购重组战略、市场战略、价格战略、产品战略等。在这些战略中，不得不提的就是并购重组战略，因为它对企业的未来发展至关重要，攸关企业的生死存亡。战略都有风险，这些风险会导致企业的经济利益受到损害，甚至导致企业倒闭破产，因此企业需要根据实际情况，对被兼并企业的实际情况进行深入了解，制定符合自身发展的并购重组战略。

从事并购重组的企业为了并购其他企业，壮大自身实力，会根据企业的内外部环境，如竞争环境、政治环境等，制定一个最符合自身利益的并购重组战略。然而，在具体的操作过程中，由于主客观环境的变化，企业并没有规划好切实可行的并购战略，使并购重组的目标未能实现，导致企业利益受到损失，这就是战略风险。概括而言，战略风险是指企业想并购其他企业，但是没有制定正确的并购策略，过分进行规模扩张和业务扩展，使企业的财务资金出现困难，经济利益受损，最终导致并购活动失败。

企业的并购重组活动不可能一帆风顺，会遭遇许多的并购风险，企业战略风险是并购风险产生的源头。由于并购风险具有传导性，战略风险会影响到融资风险、支付风险、整合风险，这些风险交织在一起，使企业并购重组失败的概率极高，因而有一种观点认为，战略决策风险是企业最大的经营风险。

战略风险的防范对策主要在于：根据企业自身的情况，全面分析企业面临的战略形势，然后制定科学、明晰的并购重组目标。通常而言，企业面临的战略形势主要从行业战略形势、竞争战略形势、自身定位分析。企业首先要评估这三个方面的形势，分析自身是否有并购的必要性和可能性，这样可以降低并购风险，提高并购的成功率。

1. 进行行业战略形势分析

企业对某一企业进行商业并购，首先必须对被并购企业进行深入全面的了解，要分析这一行业的发展历史、发展现状以及未来的市场前景，确定这一行业是否值得投资，估计投资风险。如果被并购的企业与自身企业属同一类行业，那么自身企业会对这个行业有深入了解，这样可以降低交易的风险。如果被并购的企业属于另外一种行业，这对并购企业构成了挑战，虽然这可以使企业的业务多元化，但增加了经营管理的难度。

前文提到，企业需要对被并购企业所处的行业的发展历史、发展现状以及未来的市场前景进行深入的了解，特别是未来的发展趋势和市场前景。企业需要知道在该行业中，企业得以发展壮大的关键因素，企业只有掌握了这些关键的市场要素，才能奠定它们的市场地位。通常而言，关键因素通常是某一核心技术和紧缺人才。并购企业可能看重被并购企业的某一技术，这一技术被该企业所垄断，拥有广阔的市场前景，可以获取高额利润。企业倾向于并购朝阳产业，比如当前处在人工智能、大数据、云计算、半导体、生物医药等行业的企业。行业的紧俏人才也是企业成功的战略基石，在市场经济中，人才是最重要的战略资源，某些人才掌握了这一行业的技术机密，可以改变该行业的发展业态。

具体而言，企业应当从不同的方面分析行业面临的战略形势。一是需要分析行业的市场结构类型，判断行业的市场结构是完全竞争、垄断竞争还是寡头垄断，不同类型的市场结构对并购企业带来的困难是不同的。分析行业的市场结构，我们需要分析买卖双方企业的结构、地位、数量。二是需要知道该行业供应商、分销商、零售商的情况，准确掌握从制造商到最终使用者的分销渠道。三是需要分析行业的进入壁垒和退出的难易程度，要知道进入成本和退出成本。四是需要知道行业规模及其地域边界，在国民经济中的地位。

在商场中，许多企业就是因为战略风险导致并购重组交易失败，这样的例子不胜枚举，其中德隆收购案就很有代表性。德隆是一家大企业，经济实力雄厚。为了进一步发展，德隆斥巨资收购了数百家公司，为了筹集资金，德隆通过关联公司互保、股票抵押等方式，从银行大量贷款，金额高达200亿~300亿元。通过并购重组，德隆的规模不断扩大，但市场整合效果不甚理想，全员收购最终没有成功，导致了巨额的资金窟窿。德隆的并购交易之所以不成功，很大程度上是因为德隆误判行业的战略形势，制定了错误的发展战略。

2. 进行竞争战略形势分析

行业战略形势分析主要是从宏观的大视角，分析企业发展的整个大环境。分析的内容过于宏大不甚具体，因此需要进行竞争战略形势分析。行业战略形势分析是总体分析，竞争战略形势分析是对行业总体战略形势做出的具体分析，这样可以使分析内容更加详细、完善。竞争战略分析主要是分析竞争对手的市场信息，以便打败竞争对手，实现并购目标。通常而言，竞争战略形势分析的内容包括以下几点：主要竞争对手的市场竞争力和份额，在行业中的地位、影响力、知名度，竞争对手的优势与劣势；预测竞争对手的下一步行动。当并购企业掌握竞争对手的信息，就可以扬长避短、有的放矢，提出更有针对性的见解，在谈判中占据有利地位。

3. 进行自身定位分析

孙子曰，"知己知彼，百战不殆"，这一名言适用于战场，同时也适用于商场。企业希望实现并购目标，不仅需要掌握行业的整体情况、竞争对手的信息资料，更重要的是对自身进行定位分析，全面了解自身的整体情况，知道自身发展的优势、劣势、机遇、挑战，扬长避短，充分发挥自身的优势，这样才能提高并购的成功概率。不同的企业由于主客观条件的限制，在长期的发展过程中会具有不同的特征，各自有自己的优势领域，也存在发展短板和竞争劣势。企业凭借技术、资金、管理、人才等方面的优势会促进企业的发展壮大，但自身的弱点、劣势往往成为竞争对手打败自己的武器。因此，企业一方面要善于利用自己的长处，更重要的是分析自己的竞争劣势，提出针对性的应对之道。

管理学认为，企业自身定位分析很重要。企业需要对自身的内部情况进行全面、深入了解，明晰自己的优势、缺点，制定正确的并购战略。企业自身的内部条件包含许多内容，下面会进行详细分析：

（1）企业在行业的市场竞争力。企业需要知道自身的业务水平、能力是否得到了市场的认可、市场知名度高不高、产品的市场占有率有多少。一般而言，企业的市场占有率越高，竞争力越强，在并购谈判中就越有优势，被并购企业认可发起并购企业，相信并购重组可以帮助自己摆脱危机。

（2）企业经营目前处于的发展阶段。产业有生命周期，企业也有不同的发展阶段。企业处于不同的发展阶段，就应该采取不同的并购策略。企业如果处在成长阶段，经济实力不断增强、业务不断扩张，此时的并购需要谨慎，防止盲目扩张造成财务危机。企业如果处在成熟阶段，经营能力很强、经济实力雄厚，企业需要考虑并购企业的类型和领域，可以实行多元化的战略，分散风险。

（3）企业核心竞争能力。核心竞争力是企业生存和发展的重要保障，也是企业参与并购交易的武器。企业要通过自身的创新投入不断增强自身的核心竞争力，提高自身的并购实力。另外，企业选择并购类型和并购领域时，需要考虑被并购的企业是否可以增强自身的核心竞争力，比如是否可以获得技术和人才。

（4）企业的发展是否要扩展新的经营领域。市场是瞬息万变的，企业需要密切关注市场的变化。企业可以选择继续专注于自身的领域，这样轻车熟路，毕竟对自身领域的了解比较深入。企业也可以考虑进入新的领域，并购其他领域的企业，特别是有良好前景的新兴产业，这样可以开拓新的利润源，分散经营风险。

（5）企业的基本情况。企业的基本情况主要指企业的硬件条件和软件条件。硬件条件包括厂房、机器、设备、资金，软件条件包括员工素质、数量、生产技术、管理制度、企业文化等。随着时代的发展，企业的软件条件越来越受到市场的青睐。

许多企业就是对自己的市场定位不清晰，没有做出正确的选择，最终导致并购效果达不到预期，甚至并购起到负面的效果，譬如，2002年3月19日，惠普与康柏并购重组就是典型案例。惠普与康柏都是生产电子产品的知名企业，为了实现强强联合，提高竞争实力，两家企业实现了并购重组。事后表明，这个并购案并不成功，没有达到"1+1>2"的效果。失败的症结在于双方的定位不清晰，两家企业的主要业务都是笔记本电脑与服务器，并且"Unix"服务事业部也很相近，这就导致了同质化问题，而没有在技术上取得进步。

二、体制风险

体制风险是指由于经济体制、管理体制、行政体制等因素使企业的并购活动变得更加困难，对并购活动造成不利影响。体制风险在市场经济成熟的发达经济体中不突出，但在市场经济制度不健全的中国比较突出。我国虽然初步建立了市场经济制度，市场对资源的配置作用越来越大，但市场法制尚不健全，政府在经济领域的行政干预仍然很普遍。企业并购重组是市场行为，双方达成意愿就可以交易，但政府往往会介入企业的并购活动，政府需要审查并购行为是否涉及垄断、违法，是否破坏市场秩序等。政府出于利益考量，会对企业进行硬性"撮合"、行政指定等，让企业难以在市场中自由交易。企业的并购交易需要办理各种手续，这就需要政府的支持与合作。政府如果不配合、不支持，就会使得交易充满不确定性。

我国是社会主义市场经济国家，国有经济占据很大的比重。企业并购重组的主体相当一部分是国有企业。在这些国有资本的并购中，有些行为是双方按照商业原则进行的，有些并购是由政府部门强行"撮合"而实现的。国有企业的生产运营不仅要追求经济利益，还要服从政治需要。政府从政治原则出发，依靠行政手段促使企业并购重组，违背企业自主选择、自主交易的市场规则，经常导致经济利益的损失。譬如，国有企业要配合政府进行宏观调控，完成非经济目标，强调"优帮劣""强管弱""富扶贫"的解困行为，使国有企业并购重组的经济效果大打折扣。特别是国有企业的海外并购活动，经常是为了配合国家的外交政策，比如国有企业在"一带一路"沿线国家进行并购投资，往往偏离资产最优组合的目标，导致并购后的低效益。

可以通过以下两点对体制风险进行防范：

1. 转变政府职能，规范政府行为

在商业活动中，企业是市场经济的主体；在并购重组活动中，企业是做出并购重组决策的主体。双方企业在市场规则的约束下，在遵守法律原则的

前提下，自愿完成商业并购交易。政府也会参与企业的并购环节，但政府主要是以提供服务为主，而不是干预、插手正常的交易行为。在并购重组活动中，政府的参与必不可少，如波音、麦道的合并就离不开美国政府的支持；"中国中车"和"中国南车"的合并也是政府在背后积极支持的结果。政府要转变职能，要从管理型政府转变为服务型政府，提高公共服务水平，为市场并购交易行为提供公平、良好的市场环境。

2. 加快以"政资分开"为主要内容的企业产权制度改革步伐

我国国有企业违背企业自主选择、自主交易的市场规则，承担非经济任务。因为我国国有企业不能进行自主选择、自主交易，主要是因为企业产权不清晰，政资不分、政企不分。企业不仅要追求经济利润，还要讲政治、讲原则，这就与市场交易行为产生冲突。因此，必须改变企业产权制度、政企分开，发挥企业的自身主动性，把经济目标放在首位。建立现代的企业制度，让企业法人拥有全部的法人财产权，在投资决策过程中摆脱政治因素的干扰。

三、信息不对称风险

信息不对称风险是指由于市场信息不对称，被并购方为了自身利益，可能会向并购方隐瞒不利信息、提供虚假信息，甚至杜撰有利信息，从而导致并购方做出错误的决策，使得并购效果不理想，甚至导致并购失败。

并购方在收购企业之前，一定会对被并购方的信息进行全方位的了解和评估，但是并购方很难在短时间内对被并购方的情况进行全面了解。另外，被并购方提供的财务报表信息也不完整，企业的客户债务信息、经营管理信息不能直观地反映在财务报表上。对于企业来讲，客户信息是企业的商业机密和财富。因此在并购交易完成之前，被并购企业不会把客户资料轻易透露给第三方，由于信息的不对称，被并购方的有形资产的可用性、无形资产的真实性等重要信息都很难从外部渠道获得。

另外，由于道德风险的存在，被并购方为了自身利益，会隐瞒一些对自身不利的信息，比如隐形债务问题、法律纠纷、资产潜在问题。一旦并购方没有对这些问题进行认真研究，盲目并购，就容易掉入并购陷阱，造成经济损失。

信息不对称风险的防范对策在于：

（1）并购企业应当明确自身的并购目标。企业要清楚通过并购企业想获得什么资源，是关键技术、高级人才还是商业模式。在并购谈判阶段，被并购方为了尽可能地提高并购价格，会重点强调自身的优势，以此达到分散注意力、吸引眼球的目的。如果企业不明确自己想要什么，缺乏定力，就会被对方迷惑；如果并购方把注意力放在关注的核心资源上面，就可以获得更多的自身关注的信息。

（2）应当与目标企业建立并且保持良好的关系。并购方与被并购方建立良好的关系，可以拉近彼此的心理距离，提高彼此的信任感。当被并购企业得到了来自并购方的重视时，被并购方也愿意提供更多的内部信息作为回馈。并购方很关注被并购方的财务状况等硬指标，往往忽略目标企业的需求，缺少对目标企业员工的关注。如果目标企业的员工受到并购方的尊重与关怀，员工就会降低抵触情绪，增加对并购企业的好感，也愿意配合并购方的工作调查，为并购方提供真实、客观的信息，还有可能获得额外的信息。

（3）应当做好尽职调查。尽职调查是从事投融资业务必不可少的程序，在获取信息资料方面发挥着不可替代的作用。尽职调查的项目非常多，包括被并购企业的背景、财务状况、市场绩效、管理制度、商业合同、法律协议等，正是因为涵盖的内容很多，所以可以获取丰富的信息。调查的有些项目是很专业的，需要专业的人员和机构的协助，并购方可以与专业的咨询公司、专家进行合作，对客户信息、员工信息进行细致深入的调查、分析，得到更专业、可靠的资料。

四、法律风险

法律风险是指并购方没有履行商业合同原则、违反会计准则,涉嫌偷税漏税、侵犯知识产权等;违反了市场准入规则,涉嫌不正当竞争,侵害了第三方利益,因而招致法律诉讼,造成经济损失,导致并购重组活动失败。

"没有规矩不成方圆",市场经济也是法治经济。企业的经济活动必须在法律范围内活动。企业的商业并购活动必须遵守相关的法律法规。企业如果违反法律法规,就会引起法律诉讼,导致法律风险。通常而言,法律风险由以下三个方面引起:第一,反垄断法、不正当竞争法的规定。经济学者认为商业并购可能会导致垄断,妨碍市场公平竞争,造成资源配置低效率,因而立法机关会制定反垄断法、不正当竞争法等限制大企业之间的并购,这就使有限并购案很难被政府批准,比如美国政府否决了博通公司对高通公司的并购,博通公司为此遭受了巨大的损失。第二,法律对并购的具体规定,提高了并购的交易成本。我国法律规定:收购方持有一家上市公司 5% 的股票后必须公告并暂停交易,以后每递增就要重复该过程,持有股份后即要求发出全面收购要约。这种规定加大了并购成本,增加了并购的不确定性,降低了并购方的并购意愿。第三,法律法规不完善引起法律纠纷。法律法规的内容可能是以前制定的,主要立足于当时的经济环境,但法律法规可能与当前的经济制度脱节。有些法律条文对并购行为的具体细节指引不清晰,引发市场的投机行为。

针对商业并购重组行为,各国立法机关制定了一系列的法律法规,防止商业并购导致的垄断可能性。并购重组的案例在西方国家经常出现,为此政府、立法机关在处理并购案方面积累了丰富的经验,制定了完备的法律制度,形成了严密的法律体制。我国市场经济的历史比较短,市场经济还不成熟,法律制度还不完善。我国目前没有制定《企业并购法》,有关并购重组的规定只在《企业法》《证券法》《合同法》中有相关法律条文,这增加了并购活动的法律风险。我国现有的关于企业并购监管的法律不完善，现有的法律条款不完整，当并购双方发生法律纠纷时，双方的正当权益很难得到保障。

企业的并购重组交易活动涉及企业和政府、立法机构两个主体，因此法律风险的防范要从三个方面分析。

（1）立法机关要加强立法，完善有关并购监管的法律体系。我国还没有《企业并购法》，涉及并购重组的案子主要通过《公司法》《证券法》《税法》进行处理。当前，首先要制定《企业并购法》，对并购交易中资产评估、产权归属以及关联交易等行为进行规范。同时《兼并法》《反垄断法》也涉及商业并购，对于那些不合适的条文也需要修订、完善。立法机关通过制定新的法律、修改旧的法律，可以完善有关并购交易的法律制度，使并购诉讼有法可依。

（2）政府要建立一套完整的针对并购的管制机构体系和管制程序体系。并购法律制定以后，遇到并购诉讼纠纷，政府就要依法行政，文明执法。政府可以根据法律制定行政条例，完善纠纷处理程序，提高服务效率。另外，许多部门都涉及并购交易，机构冗杂、职能分散的管理机构也需整合。政府还要加强法制建设，加强普法宣传力度。

（3）企业也需主动作为，熟悉法律，关注时政。许多法律纠纷与并购双方不熟悉法律制度有关。有些市场行为已经触犯了法律，但企业可能没有意识到自己已经违法，引起了法律诉讼。企业熟悉法律，了解关于并购重组的法律，知道法律的使用范围、边界、惩处力度等知识，就知道什么可以做，什么不能做，如何降低法律风险带来的损失。

第二节 并购重组中的风险与对策

企业在并购重组中的风险主要发生在财务决策环节，企业的财务决策主要包括定价决策、融资决策与支付决策，因此按照财务决策类型我们可以将并购的财务风险分为：目标企业价值评估风险、融资风险和支付风险。这三种风险在整个企业并购交易过程中互相影响，共同导致了财务风险。

一、目标企业价值评估风险

目标企业的价值评估风险是指并购企业由于估值方法、财务报表等原因，没能准确评估目标的价值，对目标企业的评估价格超过了企业自身的承受能力，造成了经济损失。因此，并购企业制定战略目标后，并购能否成功的关键在于科学、准确地评估目标企业的价值和盈利能力。正因为目标企业价值评估的重要性，它是并购双方谈判的焦点。

目标企业估值工作直接考验着并购方的业务能力，并购方对目标企业估值过高、过低都会对并购交易产生不利影响。如果估值过高，并购方将承担巨大的资金支付压力，造成财务困难，引发财务风险；如果估值过低，就会达不到被并购方的要求，被并购方会拒绝并购交易，并购方损失了前期的投入。在并购交易的过程中，引起价值评估风险的因素有许多，如财务报表的局限性、估值方法和评估体系不完善、缺乏专业的评估机构等，都会影响目标企业的估值价格，影响并购交易结果。下面，将具体介绍这几个导致价值评估风险的因素。

1. 财务报表的局限性

在并购重组的交易中，并购企业可以从多种渠道收集被并购企业的信息，但主要依靠财务报表的数据资料。财务报表的内容丰富，包含企业的资产项目、负债项目、所有者权益项目的信息。财务报表的数据资料会帮助并购方评估目标企业的市场价值，可以分析目标企业的财务运行状况，判断它的经济绩效和盈利能力，财务报表已经成为目标企业价值评估的不可或缺的工具。

如果目标企业是上市企业，因为上市企业的财务数据需要公开，并购方可以容易地从市场渠道获得财务报表的信息。但如果目标企业不是上市企业，不需要定期公开财务报表的信息，这就会影响并购方获取财务报表数据的完整性、准确性，给并购方的估值工作造成困扰。财务报表虽然可以很直观地反映目标企业的财务信息，能够帮助并购方进行估值，但也不可过分看重它的功能。并购方需要确保财务报表数据的真实性，如果财务报表数据不真实，财务报告的价值就会大打折扣。为此，并购方需要对财务资料进行充分彻底的调查研究，调查分析财务报表中资产价值、负债情况、资产抵押担保等数据的真实性。即使并购方能够获得财务报表信息，也能够确保财务数据的可靠性，财务报表的其他局限性仍然会导致价值评估风险。

不同的会计核算方法会影响财务数据结果，在会计准则中，计算折旧通常有直线法和加速折旧法，两种计算方法产生不同的结果，采用这两种方法计算固定资产账目价值时，结果存在偏差。如果目标企业使用了不恰当的折旧方法、资产减值标准，会使财务报表上的折旧额、减值准备的数额变小，使资产价值虚假增加，资产价格的虚假增加又会导致总资产价值的虚增。这无疑是由于折旧方法不恰当，导致目标企业的价值被高估，增加了并购方的并购成本。

或有事项和期后事项的披露。财务报表主要是反映企业在过去某一时点或时期的财务状况、经营成果和现金流量，主要反映过去的交易或事项。未决诉讼、重大售后退货、对外担保、自然损失的导致或有事项和期后事项是重要的财务信息，也应提供给并购方；但通常情况下目标企业只会进行选择性的披露，隐瞒对自身不利的信息，目标企业会根据利害关系决定披露程度。如果或有事项和期后事项没有进行披露,或者披露的内容不完整、不详细,就会影响并购方准确判断目标企业的价值与未来盈利能力。

无法反映的重要资源价值。财务报表涵盖的信息量巨大,但一些重要的资源价值也无法反映在财务报表上,比如人力资源、技术优势等。这些资源是企业发展壮大的推动力,在企业运营中发挥重要作用,也会影响财务成本,但财务报表并不包含此类信息。对上述资源的忽略会影响财务报表的质量,增加了财务风险发生的概率。

2. 价值评估方法和评估体系不完善

在企业并购重组过程中,如果并购方对目标企业的估值方法不恰当,就会影响目标企业的估值价格,导致价值评估风险,影响交易结果。目前,企业价值评估方法主要包括以下几种:资产基础法(净资产法)、收益法(现金流量法)、市盈率法。其中,资产基础法和收益法使用频率最高,但这两种方法各有优缺点,并购方应根据自身的实际情况,合理选择估值方法。除了估值方法影响价值判断,评估体系不完善也会造成价值评估风险。当前,我国的企业价值评估体系不完善,缺乏具体的、可操作性的评估规则。国家虽然出台了价值评估的规范意见,但规定多为原则性的,过于抽象笼统,缺少具体性的条文,难以指导实践。

3. 缺乏专业的评估机构

我国市场经济只有30多年的历史,资本市场的历史则更短,资本市场还不成熟。即使国内比较有实力的投资公司、投资银行也都处于发展阶段,服务水平、业务能力很难达到并购交易的要求。相比较之下,国外的资本市场很成熟,投资银行等金融公司专业性强,能够提供高品质的并购咨询服务。国内许多中介机构独立性不强,客观性也有待加强,市场认可度不高。正是由于一些中介机构缺乏独立性和客观性,出于利益驱动,会与并购方串通、合谋,故意压低并购价格,损害并购者的利益。另外,专业性强、业务水平高的评估机构需要专业人才,这类人才对资产评估行业、并购重组业务有深入了解，能够对目标企业的价值进行科学、合理、公正、客观的评估。现实情况是，国内的评估机构缺少此类人才。

可以从以下几点防范目标企业价值评估风险：

1. 充分掌握目标公司基本信息

由于信息不对称，被并购方会向并购方隐瞒相关信息，容易导致并购方造成财务问题，引发价值评估风险。因此，并购方需要充分掌握目标公司的基本信息。在实际操作过程中，企业主要通过尽职调查的手段获取企业的信息。尽职调查是从事投融资业务必不可少的程序，在获取信息资料方面发挥不可替代的作用。尽职调查的项目非常多，包括调查被并购企业的背景、财务状况、市场绩效、管理制度、商业合同、法律协议。

并购方首先要调查被并购企业的财务信息，分析财务报表数据的真实性，了解企业的未来盈利能力。财务信息是企业调查的核心问题之一，通过分析财务信息，并购方可以大致了解被并购企业的整体情况。除了调查企业的财务状况，还应该调查目标公司的价值要素体系。企业的价值要素体系内容繁杂，范围广泛，仅凭并购方自身的能力很难在短时间内调查清楚，需要团队的力量共同完成。为此，需要建立一个团队，该团队需要相关领域的专业人员，各自发挥专长，团队人员应该包括律师、会计师、财务顾问、评估师等。并购方还要调查目标企业的企业文化、社会责任、产业结构、管理能力、经营环境、员工信息等。通过全面、深入、细致的调查研究，可以帮助企业尽可能地获取更多的信息。

2. 完善价值评估体系和方法

除了信息不对称会造成价值评估风险外，估值方法、体系的不完善也会导致价值评估风险。因此，企业需要完善价值评估方法和体系。并购方利用前面调查的企业信息，设置合理恰当的分析标准，可以使得企业的估值更合理。价值评估体系可以从财务分析、产业分析及营运状况分析三个方面改进。其中，财务分析是为了获取企业资产、负债、所有者权益的信息，分析企业的财务风险，预测企业未来的盈利能力和发展潜力；产业分析是要分析国家出台的产业政策对企业并购的影响，以及在国家产业结构调整的背景下企业并购的方向与领域；营运状况分析是对目标企业的营运流程、潜在客户、供应商选择、竞争企业等进行分析。通过财务分析、产业分析及营运状况分析，企业的价值评估体系不断完善。

除了价值评估体系需要完善，评估方法也需改进。当前，目标企业的估值方法主要包括资产基础法、市场价值法、收益法和市盈率法等。这几种方法各有优点，也存在一定的局限。并购方要根据自身情况，也要考虑被并购方的实际情况，选择适宜的评估方法，并且并购方还要根据并购动因、并购战略计划建立相应的估值模型。如果目标企业是上市公司且经营管理状况良好、盈利能力较强且市盈率比较真实，可采用市盈率法对其评估；如果是非上市公司，则可以采用净现值法对其评估。

3. 善于借助专业机构，提高并购效率

企业并购重组交易是一项复杂的工作，涉及方方面面的知识和技能。并购方在短时间内很难单独完成，即使实现了目标，也会花费高昂的经济成本，如果借助专业结构，可以提高并购效率，降低交易风险，减少并购成本。专业机构包括投资银行、会计师事务所、资产评估机构、律师事务所等，当企业整合了这些专业的机构，可以让专业的人做专业的事，发挥人才、信息优势，提高效率和质量。这些中介机构长期处理这些业务，它们知道什么时机并购企业最合适，知道最佳的并购方式是什么，最佳的并购方案是哪种。它们会告诉并购方、被并购方各自需要留意的合同细节，如果违约，风险有多大，代价是什么。总之，专业机构会提供专业的服务，促进交易成功。

二、融资风险

融资风险是很常见的一种风险，是指企业为了筹集资金，向商业银行、

金融机构贷款，通过发行股票、债券筹集资金。由于利息率高、负债率高，导致财务成本增加，造成财务风险。企业的商业并购通常是大笔交易，需要大量的资金，企业自身无法承担巨额的资金负担，因而不得不通过融资的方式筹措资金。由于融资规模过大，借入资本太多，利息成本高，使企业面临巨大的债务压力。在实际并购交易的过程中，资金来源、资金数额、融资结构、融资渠道、资金到位时间等都会引发融资风险。企业融资渠道主要包括内部融资和外部融资，从这个视角分析，融资风险主要表现为内部融资风险和外部融资风险。

1. 内部融资风险

内部融资是指企业不通过外部渠道融资，而是从内部筹集的资金。内部融资方式包括企业自有资金、企业未使用或者未分配的专项资金及应付税款和利息，内部资金是企业最稳定、最有保障的资金来源。内部融资的优点在于手续简单，不需要通过复杂的程序；另外，由于是在企业内部进行运作，外部很难了解情况，因而保密性好。内部融资虽然有多种优势，但缺点也是显而易见的，内部融资会占用企业的流动资金，降低资金的流动性，容易导致企业资金周转困难，削弱企业应对外部环境变化的能力，如果外部环境的变化导致企业需要大量的流动资金，此时企业就会面临财务风险，导致融资成本增加。

企业内部的资金是有限度的，如果用于内部融资，会占据大量的内部资金，导致用于其他用途的资金减少。实际上，企业在并购交易的整个过程中，许多方面都需要内部的流动资金。在并购过程中，如果发生不可测的意外事件，就需要额外支出。企业需要依法纳税，需要税务支出；企业要支付员工的工资，需要占用内部资金；在并购后期，企业需要对被并购企业进行人力资源整合、文化资源整合，这也要用内部资金投入。因此，企业仅仅依靠内部资金很难应付企业庞大的资金需求，无法保证企业正常运转，因而需要外部融资。

2. 外部融资风险

外部融资就是企业通过银行贷款、发行债券和股票等方式从外部渠道筹集的资金。外部融资有多种来源，主要是债务融资和权益融资，因此外部融资风险主要包括债务融资风险、权益融资风险。

（1）债务融资风险。债务融资是指企业通过银行信贷、发行债券、商业信用、融资租赁等方式融入资金，开辟资金来源。债务融资具有许多优点。一是债务融资的方式多样，渠道众多，因而可以在短时间内为企业筹措资金，资金到位速度快。二是债务融资手续简单，不需要通过复杂的程序。三是债务融资与权益融资相比，融资风险小，借款利息低，借贷成本低。四是债权人虽然从债务人获得利息收入，但不能直接干预企业的管理运作，因此债务人可以保持对企业的控制权。

债务融资虽然能够短时间内筹措大量的资金，但也存在风险隐患。债务融资有时间期限，到了债务偿还日期就要还本付息，并且借款期限越长利息费用越高，这无疑增加了企业的成本压力，给企业带来巨大的偿债负担。企业的债务融资规模过多，会使得企业的财务状况恶化，影响投资者的投资信心，从而削弱企业继续融资的能力，所以企业需要控制债务规模。企业在债务融资过程中，需要把握债务期限，可以选择长期借款和短期借款的不同组合方式，这样可以为还款争取更多的时间，减轻偿债压力。

（2）权益融资风险。权益融资是指通过发行股票筹集资金，它是企业最基本的资金来源。大型企业因为对资金需求量大，通常会通过资本市场进行权益融资，权益融资分为优先股融资和普通股融资，两者都有优缺点。与债务融资相比，权益融资筹集的资金不需要偿还，没有到期日，没有按期还本付息的压力，这就减轻了企业的财务负担，有利于企业稳定发展。企业根据经营绩效的好坏决定是否向投资者支付股息以及股息的多少。权益融资也存在缺点，就是会引发融资风险。首先，企业虽然不需要归还资本金，但是需要支付股东利息。其次，企业需要支付股票发行的费用，这也占据一部分成本。最后，企业发行股票，就会引入新的投资者，增加新的股东数量，扩大企业的所有权益，这就稀释了原有投资者对企业的控制权。

可以从以下几方面防范融资风险：

1. 合理确定融资结构

融资结构是指企业从不同渠道获得的资金之间的有机构成与比重关系。企业的融资结构不同，就会形成不同的成本，对企业的影响、约束也不同，合理的融资结构可以减轻企业的资金压力，降低融资成本，有利于降低融资风险发生的概率。相反，融资结构不合理，就会增加企业的融资成本，引发财务风险，情况严重会导致企业的资金链断裂，导致企业破产倒闭。因此，企业需要合理确定融资结构。

科学的融资结构通常是债务融资和股权融资的不同组合，至于具体的组合形式是什么，则要根据企业的实际情况。企业如果采取单一的融资形式，一旦爆发突发事件，极有可能导致企业陷入严重的财务风险陷阱。科学、合理的融资结构需要设计债务资本和权益资本的比例以分散风险，企业需要根据实际情况，决定是采取短期融资还是长期融资。如果企业的并购重组是短期行为，只是经过包装后再转手，企业只需要采取短期借款，这样的策略可以减少债务成本；如果企业的并购重组是扩大企业规模，提高市场占有率，希望长期经营，那么长期借款是正确的选择，这样可以保证企业资金链的稳定；如果是权益融资的方式，可以采取普通股和优先股相结合的方式。

2. 积极使用多种融资渠道

在当今的资本市场中，企业融资渠道呈现多元化的特点，既有内源融资，又有外源融资，内源融资和外源融资都可以细分为多种类型。因此，企业在并购重组的过程中，如果需要筹集资金，可以选择的方式很多，可以帮助企业获得足够的资金。融资渠道虽然多样化，但关键取决于企业如何选择合适的方式。

我国目前的金融体制不完善，企业的融资渠道比较单一。企业主要采取外部融资，即采取银行贷款的方式筹集资金。银行贷款需要抵押物，担保条件苛刻、审批手续众多、流程复杂、贷款利息高，这些缺陷使得企业融资难，限制了企业的发展，尤其是中小企业。因此，企业应当使用多种融资渠道，分散融资风险，降低融资成本。

企业的内源融资主要包括，自有资金、应付税利和利息、企业未分配的资金等，具有风险小、成本低、保密性好等优点，并且资金来源稳定，所以内源融资是最佳的融资渠道。企业的内源融资的资金额来源于企业利润，这使内源融资无法满足巨大的资金需求，这就需要外源融资的协助。企业可以利用内源融资和外源融资相结合的方式，而不是依靠单种融资渠道，以分散风险，获得更多的资金来源，提高并购的成功率。

三、支付风险

支付风险是指企业在并购交易中，因为支付方式导致的风险。在金融市场中，企业可以选择的支付方式很多，每种支付方式都有优缺点，而缺点容易导致风险隐患。在市场交易过程中，支付方式主要有：现金支付、股权支付、杠杆支付、混合支付。不同的支付方式会带来相应的风险，下面将进行具体介绍。

1. 现金支付带来的流动性风险

现金支付是指并购方支付现金给被并购方，从而获得对被并购方的所有权。现金支付有诸多优点，它不需要复杂的交易手续，方便便捷，市场交易频繁，可以减少不确定性，迅速取得控制权，省时省力，能避免股权结构变动，但现金支付却容易给企业带来流动性风险，使并购方承受巨大的现金压力。

2. 股权支付引发的股权稀释风险

股权支付指并购方直接用股票作为支付工具，支付给目标企业，从而完成并购交易。股权支付的优点在于，它不占用营运资金，有利于并购后的企业持续经营，同时避免了债务危机。如果企业希望扩大规模、提高市场占有率，就需要增发新股，增加新的股东、改变股权结构，这就稀释了原有投资者对企业的控制权，甚至有可能丧失对企业的控制。

3. 杠杆支付产生的债务风险

杠杆支付实际上是指并购企业用被并购企业的资产或者未来的现金流入作为抵押向银行等金融机构贷款，再用贷款得来的款项作为支付给被并购企业的资金。杠杆支付实际上就是一种"小鱼吃大鱼"的方式，以小博大，企业运用少量的资金就能推动规模较大的并购业务。杠杆支付的资金来自于银行贷款，有还款期限和付息压力。企业如果不能在规定的期限内还本付息，就有可能放大企业的债务风险。

4. 混合支付造成的整合风险

混合支付是指并购企业采用现金支付、股权支付、杠杆支付的组合方式获得目标企业的所有权。混合支付使得支付方式多样化，可以充分发挥不同支付方式的优点，分散相应的风险，降低支付风险发生的可能性。然而，混合支付需要对应理想状态的资本结构，但在现实中，这种资本结构很难存在。另外，混合支付无法保证连续使用，可能拖延并购实施时间，给后期整合带来较大的风险。

可以用以下对策防范支付风险：

1. 尽量避免现金支付

近年来的并购活动中，并购企业很大一部分都选择现金支付的方式。

现金支付方便快捷，省时省力，避免了股权变动，可以让企业在短时间内快速实现并购交易，因而使用较为频繁。企业如果过度使用现金支付，就会造成流动性风险，影响企业的稳定。企业在生产运营过程中，许多环节需要库存现金，但库存现金毕竟有限，如果过多地用于并购重组的交易，会影响其他环节的现金流需求。众所周知，企业的正常运转需要稳定的现金流以保障必要的日常开支，一旦现金流短缺，就会使企业面临巨大的现金支付压力，给企业带来财务风险。因此企业在并购重组的交易中，应当避免使用现金支付。

2. 使用混合支付方式

中国有句俗语："不把所有鸡蛋放在一个篮子里"，这句话主要用于金融理财领域，强调个人、企业要选择不同类型的理财产品的组合，目的是分散风险。这句话同样适用于企业的并购重组交易，企业在并购重组交易中，可供选择的支付方式是多样化的。由于每种交易方式都有风险隐患，企业如果选择单一的交易方式，会放大支付风险，导致严重的财务问题。

企业可以选择混合支付方式，使用现金支付、股权支付的组合方式，选择恰当的组合比例，充分发挥现金支付、股权支付等支付方式的优势，将风险分散到最小。如果并购方生产经营情况良好，未来前景光明且有信心对被并购企业实现有效整合，但是自有资金满足不了庞大的并购资金需求，则可以选择债务支付为主、现金支付为辅的混合支付方式；如果并购企业自有资金充足且有稳定的来源，使用较多的现金不会导致财务风险，则可以选择自有流动资金为主、短期债务为辅的混合支付方式。

3. 采用分期付款方式

并购企业如果使用自有资金一次性支付，则会占用大量的现金存量，造成流动性风险；如果自有资金不足，选择债务融资的方式，则会形成巨大的债务负担。企业可以与被并购方达成协议，采用分期付款方式支付并购资金，这种方式可以减轻企业的一次性支付压力，降低流动资金短缺引发的风险，并且并购后企业所获得的收益，能够减轻企业的支付负担，在一定程度上也节约了并购的成本，避免了企业并购整体过程中隐藏的财务风险。

第三节 并购重组后的风险与对策

不同的企业有不同的组织结构、管理模式和企业文化，当企业实现并购目标后，就需要对被并购企业进行整合。因此，企业在这一阶段出现的风险就是整合风险，整合风险是指企业完成并购交易后，没有对被并购企业的业务水平、经营管理、人力资源、企业文化等进行有效整合，导致并购企业未能实现预期的规模和协同效应。根据企业整合的内容，整合风险主要包括三种风险：业务整合风险、人力资源整合风险以及文化整合风险。

一、业务整合风险

业务整合风险是指并购企业完成并购交易后，由于与被并购企业的经营业务不同，如不同的技术、产品、顾客、经营方式、经营理念等，使并购企业在业务上不能很好地与被并购企业进行融合，甚至相互排斥、抵触，不能实现规模经济和协同效应，使并购效果不理想，甚至导致并购失败。

业务整合是企业在整合阶段最重要的工作，它直接关系企业的并购结果。在并购交易中，并购方经常与被并购方在某些业务方面有重合、交叉的地方，如市场、产品，特别是大企业之间的并购重组交易，业务重叠的概率很高。如果遇到这类情况，并购企业需要对重叠的业务进行快速有效的整合，一旦整合不成功，就会导致内部恶性竞争，造成不必要的经济损失。另外，并购企业需要慎重处理被并购方的业务，被并购企业某些业务竞争力比不上并购方，有些业务有市场潜力、前景良好，但容易被忽略放弃，一旦有潜力的业务被忽略、轻视，就可能错失发展机会，使并购效果大打折扣。

可以从以下几方面对业务整合风险进行防范：

1. 保留潜力业务

并购方整合被并购企业的业务时，需要对不同的业务进行具体区分、不同对待。被并购方的有些业务需要放弃，因为其不适应市场的需求变化，但有的业务是需要保留的，因为这些业务是有市场潜力的，只是暂时缺乏经济效益，但长期存在丰厚利润。也许这些潜力业务只是占据企业业务很小的比例，但是可能直接决定着并购后发展的可能性。比如互联网企业有些业务有很好的潜力,但目前开发时间不长,网页的流量不多,客户的注册数量增长缓慢,但未来有很大的成长空间。

2. 有效整合重叠业务

如果是纵向并购重组的企业,涉及的是上下游业务的整合,业务很难有交叉、重叠的地方。如果是横向并购重组,并购企业与被并购企业有相同、相似的业务。在并购交易后,并购企业虽然拥有了目标企业的所有权,但双方仍然会独立经营管理。对于重叠的业务如果不能有效整合,就会导致恶性竞争,造成两败俱伤的局面,最终损害的还是企业的整体利益。并购企业对重叠的品牌业务、顾客需求等进行统一管理,合并相同功能的业务,可以减少运营成本、管理成本,实现规模经济和协同效应。

二、人力资源整合风险

人力资源整合风险是指并购交易完成后,并购企业没有对被并购企业的员工进行有效组织管理,没有科学稳妥地安排岗位,没有处理好员工的薪酬、绩效问题,导致被并购企业的员工对并购企业感到怀疑、失望,对自己的工作前景感到不安,因而员工的工作积极性不高,工作效率低下,甚至导致员工的流失,造成人力资源损失。

企业发展壮大需要许多资源的聚集、整合,人力资源是核心资源之一。人力资源是创造企业价值的动力,是各种生产要素中最具活力和弹性的部分,是企业的无形资产,正因为人力资源的作用和特质,企业将人力资源作为重要的竞争优势。不同的企业拥有不同的人力资源队伍、管理制度,当企业实现并购重组后,如果没有对人力资源进行有效整合,特别是企业高级管理者出了问题,就会造成管理混乱,导致人力资源整合风险。因而,人力资源整合是并购企业整合的重要内容,对提升企业的竞争力具有重大意义。并购企业的人力资源整合风险主要来自三个方面:

1. 并购重组后裁员问题

企业并购重组后,由于企业战略调整的需求,会对职能部门进行重新组合,对业务资源进行重新整合,这就会导致人力资源过剩,就需要裁撤冗员。裁员是企业很难处理的问题之一,因为牵涉到员工的切身利益,企业会遇到很大的阻力,处理不好,就可能导致员工的罢工、上访,将不好的情绪传染给其他员工,破坏企业形象,影响企业的生产经营活动,影响社会稳定。企业在裁员的过程中,要了解国家相关法律法规以及企业所在地的政策,要注意维护被裁员工的合法权益,安抚被裁员工的情绪。

2. 薪酬的冲突

员工薪酬是企业人力资源管理的重要课题,也是员工自身很关注的核心问题。通过努力工作,员工希望可以得到满意的工资、福利等。企业并购重组后,尤其要考虑到被并购企业员工的感受,对于他们而言,自己是处于相对弱势的一方,如果被并购方的员工与并购方的员工从事同等的工作、担任同级的职务、承担相同的责任,但却得不到相同的报酬时,势必会使他们感觉到自己没有得到公平对待,就会产生不满情绪,工作就会缺少动力和积极性,甚至导致员工的离职。

3. 人力资源流失

由于并购双方之间具有不同的发展战略、企业文化和发展模式,企业并购重组会给被并购企业的员工造成工作上的影响,他们会对自己未来的方向感到迷茫,对自己的工作前景感到忧虑。他们感觉自己的现实生活受到了威胁,会失落、焦虑,逐渐对企业失去归属感,产生不满情绪、抵触心理,最终选择离职。企业人力资源的流失,特别是核心人才、技术人员的流失会给企业带来难以估量的损失。在并购交易中,一旦被并购方的人才不满意自己的现实处境,猎头公司就会上门千方百计挖人才。

可以从以下几方面对人力整合风险进行防范:

1. 提前做好计划，迅速拿出方案

在并购重组的实践中，许多企业将更多的精力放在如何能够快速有效地实现并购，却没有提前做好并购后的整合工作。企业习惯于将并购战略、整合战略分阶段处理，先实现并购目标，再进行人力资源整合。这种策略缺乏周详、完整的规划，带有很大的随意性和盲目性。并购交易完成后，企业再做整合规划，就会缺乏必要的准备时间，导致整合方案存在诸多漏洞。正确的做法是企业在并购前就做好规划，明确并购后的人员整合计划，包括确定领导团队、处理冗余人员、留住核心人才。

在并购重组的实践中，许多企业就是提前制订了周密的整合计划，才有效地提高了整合效率，降低了整合成本。阿里巴巴并购雅虎中国案就具有代表性，阿里巴巴在决定并购雅虎中国的前1个月就成立了整合小组，在7月与雅虎中国达成并购协议后，7月中旬就制订了初步的整合计划，正是由于阿里巴巴提前做好了准备，才为后续产品线整合以及更深层次的文化整合打下了基础。

2. 及时与被并购企业员工进行沟通交流

在人力资源整合的过程中，并购方与被并购企业员工的沟通交流是重要的也是很有必要的工作。企业并购完成后，被并购企业的员工迫切想知道并购的进展，想知道他们的工作安排。但是由于沟通不畅，员工获取的信息有限，员工容易产生急躁、焦虑的心理，对自己的工作前景感到悲观，从而工作缺乏积极性，缺少激情，甚至选择离职。

企业的整合小组要积极与被并购企业员工进行沟通，让员工理解并购的目的和作用，知道企业新的管理团队有什么人，明确企业未来的发展方向。同时，企业应当听取员工的想法和建议，回应员工关切的问题，包括并购后的裁员问题、员工的薪酬福利问题等，通过沟通企业可以消除员工的误解，争取员工的理解和支持，争取留住核心人才，努力减少人才流失。

3. 留住核心人才

并购交易不可避免地会造成人力资源的流失,但企业要尽最大努力减少核心人才的流失,要想尽办法留住核心人才和关键人员。并购企业能否留用核心人才已成为判断企业整合效果的重要标志之一,如果企业留不住核心人才,说明企业人力资源整合是失败的。被并购企业的核心人员如果感觉自己不适应新的企业文化,没有得到并购企业的尊重和重用,不满意自己的新工作,在并购企业难以实现自己的价值,他们就会选择新的企业。

并购企业要加强与核心人才的沟通,了解他们的工作需求,比如岗位的选择、工作的参与度、自尊心等,给予他们人文关怀,为他们提供更好的发展机会,尽量满足他们的核心需求。企业要采取相应的激励措施,向管理人才介绍企业未来的发展前景,激发他们的工作动力,让员工对未来的工作保持信心;对技术人员进行晋升激励,提高他们的成就感,让他们获得有意义的人生体验;还应该对员工进行股权激励,让员工成为企业的股东,以培养员工的忠诚度和奉献精神。

4. 妥善安置离职人员

企业完成并购重组后,因为节约人力成本或员工不适应新的企业文化等原因,会裁撤部分员工。对于裁撤的员工,企业应做好他们的思想工作、安抚员工,给予适当的经济补偿,争取员工的理解,积极承担社会责任。企业还可以采取更人性化的做法,根据员工的兴趣、特长,对裁撤的员工进行培训,提高员工的生存技能。

阿里巴巴在并购雅虎中国时,对离职员工实行"N+1"的补偿方案,尽量给予离职人员适当的经济补偿,降低了员工的不满情绪,提高了人力资源整合效率。企业的这一做法会对还在犹豫之中的员工产生积极的影响,他们看到了企业对离职人员的人性化关怀,认同企业文化,因而决定留下来。

三、文化整合风险

文化整合风险是指因为并购企业与被并购企业有着不同的企业文化、价值观，使双方的文化不能有效吸收、兼容，甚至相互排斥，难以形成新的企业文化，因而引起员工的冲突，给企业造成混乱，进而造成经济损失。

企业文化是一个非常宽泛的概念，涵盖许多方面的内容，主要体现在精神文化、制度文化、物质文化、行为文化四个方面，具体包括企业的价值观、管理风格、经营理念、员工行为规范等。随着管理学的发展，企业文化在企业中的地位和作用越来越突出，企业通过文化认同提升员工的精神风貌，提高员工的忠诚度，起到了激励员工的作用。由于并购双方之间具有不同的文化背景、经营方式、管理模式，并购企业与被并购企业表现出很大的企业文化差异，如果双方的企业文化不能实现有效整合、融合，就有可能导致并购失败。事实上，大量的并购交易案数据已经表明，企业文化的不兼容是企业并购活动"流产"的罪魁祸首，是并购失败的主要原因。因此，企业文化整合是企业并购之后最难以整合的部分，也是决定整合能否成功的关键部分。

可以从以下几方面对文化整合风险进行防范：

1. 注意方式和策略，不要急于求成

企业文化是企业在长期的经营活动中形成的，深刻地影响着员工的价值取向、思维方式、行为模式。员工的思维方式、行为模式一旦形成，很难在短期内改变，因此企业间的文化融合需要一个过程，不能操之过急，急于求成。并购企业如果贸然加快两家企业文化整合的节奏，想一步到位，就可能引起文化冲突，产生与预期相反的结果。

并购企业要注意方式和策略，可以将文化整合与其他整合工作结合起来，把并购企业的价值观、经营理念、经营方式逐步渗透到其他的具体工作中，做到"润物细无声"，如结合人事调整、制度整合、经营整合等各方面工作，稳步推进。

2. 相互尊重、了解、学习对方文化

并购双方之间虽然拥有不同的企业文化,但不同的企业文化也不是完全对立、相互排斥的,被并购企业的经营模式、经营理念、价值观念也存在并购企业学习、借鉴、吸收的地方。并购企业要放低姿态,怀着尊重的态度去了解、学习对方企业文化,保留被并购企业的企业文化的一些优势和长处,而不是以势压人,简单粗暴地摒弃目标企业的所有文化,强行向所有员工灌输自己的文化。

并购企业可以采取培训交流的方式,让被并购企业的员工亲身感受并购方的企业文化,向他们介绍自己企业的价值观、经营理念、管理模式、管理风格。员工耳濡目染之后,消除自己心中的疑惑与担忧,会在文化的对比中形成强烈的学习动机,逐渐学习、接受、认同并购方的企业文化。并购双方相互了解彼此的文化,找出共同点与差异性,各取所长,互为补充,让不同的文化可以相互融合。在这一过程中,并购方基于自身的战略需要,将自己的优秀文化传播给目标企业,与此同时,被并购企业的优秀文化也有所保留,这样就有效地实现了文化融合,形成了一种新的企业文化。

3. 加强与对方员工的沟通、交流与互动

并购方企业要加强与被并购方企业员工的沟通与交流,了解对方员工的想法和态度,共同探讨企业应采取的整合模式,以及具体的实施策略。双方可以成立一个文化整合团队,讨论各自文化中的优势,探讨如何将双方的优秀文化组合成为更加强大的文化资源,分析这样的文化整合可能会给双方的员工带来何种挑战以及怎样去解决出现的文化冲突。通过并购双方之间的交流、互动,可以让对方站在自己的角度思考问题,增进对方的理解和认同,让对方员工切实感受到并购方的企业文化,这有利于拉近双方人员的心理距离,提高文化融合的深度。

联想并购IBM的PC业务后,双方企业就成立了一个文化整合团队,加强与IBM方员工的沟通、交流、互动,坦诚地交换意见,相互尊重和让步,

这有效促进了文化的整合，使联想有效吸收 IBM 的优秀管理模式，加快了深层次的文化整合。阿里巴巴在并购雅虎中国时，也成立了快速成立整合小组，加强与雅虎中国员工的沟通、交流，让雅虎中国的员工了解阿里巴巴的价值观念、经营方式、规章制度、管理制度等，听取他们的意见，倾听他们的内心想法，这使雅虎中国的员工感受到了阿里巴巴的诚意和善意，促进了文化融合。

第四章 上市公司并购重组操作实施办法

上市公司的并购重组是整合资源、提升企业活力和实力的重要途径,由于特殊的国情和市场环境,我国上市公司的并购重组发展历程在不同时期具有不同的特点,根据其发展特点我们可以将其分为三个阶段:

1. 初级阶段(2002年以前)

1993年前,我国证券市场处于试点阶段,上市公司数量较少。同时,大量非流通股的存在使二级市场的并购重组主要集中在"三无"[①]板块。

1994年后,并购的案例和形式开始增加,从单一的国有股权转让向外资企业并购、法人股权协议转让等多种形式发展,此时的并购规模不大,多数是由于企业出现财务危机,需要通过并购重组来融资解决问题。并购重组的主体仍以国有企业为主,采取股权划拨的形式,上市公司的国有控股性质并未发生改变。经过几年的发展,1997年,我国证券市场已经开始成熟,达到了一定规模,并购重组的规模也随之扩大,这段时期仍以国有股权转让和法人股权转让为主,但并购重组的重点已经开始从单纯的融资套利向产业的转型升级转变。并购重组的主体仍然是国有企业,但也出现了民营企业并购

---

① "三无"在这里是指上市公司股权结构中无国家股、法人股、外资股、内部职工股和转配股,是全流通股公司。

的案例。一般情况下，如果并购方是国有企业，通常选择直接划拨股权的方式进行支付，股权在国有企业之间变更，但上市公司的国有控股性质并未改变；如果并购方为民营企业，多选择现金支付，并购方获得上市公司的控制权后，通过注入优质资产、剥离劣质资产，提升企业的运营效率，实现企业的价值增值，得到再融资机会。虽然此时并购重组的规模与形式都有一定发展，但与之配套的法律体系尚未完善，对于并购重组过程中的操作细则、具体指引也不够详尽，监管范围与力度不够，不能有效地规范和监督上市公司在并购重组中的行为，难免出现"暗箱操作"、信息披露不透明等问题，尤其是报表式重组和虚假重组等问题层出不穷。例如，格林柯尔收购科龙、斯威特收购上海科技等，通过财务数据造假或收购再套现完成并购重组，最后都爆发了重大风险。

2. 规范发展阶段（2002~2005年）

为了规范上市公司并购重组的流程，使各个环节都有法可依，中国证监会在这一阶段发布了一系列文件，对于上市公司在并购重组中的各种问题做出了详细规定。2001年底，证监会发布了《关于上市公司重大购买、出售、置换资产若干问题的通知》，对上市公司在并购重组中的各种行为作出规定，有利于遏制动机不纯的重组行为，保护中小投资者的利益，打击和防范内部交易，对有利于上市公司可持续发展的并购重组行为给予支持。2002年12月开始实行《上市公司收购管理办法》，该办法对并购重组的方式进行了更加详细的划分与规定，并且与《上市公司股东持股变动信息披露管理办法》一起将上市公司的并购重组纳入统一的监管体系，使上市公司的信息披露更加到位，重组过程更加透明，并购行为更加规范，有力遏制了虚假重组的发生。这些文件的颁布旨在支持实质性的并购重组，充分发挥市场调节的作用，引导资源优化配置。但在这一阶段，我国的上市企业大多由国有企业发展而来，并购重组行为多由政府主导，市场的作用未能得到发挥。这种情况下，如果地方政府急功近利，为了快速实现"国退民进"，疏于考察和监管，就会让一些实力不足的或者缺乏诚信的民营企业有机可乘。这种民营企业取得上市公司的控股权后，有的以上市公司名义提供担保，通过关联交易套利；有的违规占用上市公司资金，视上市公司为便携提款机；还有的利用所持股权反复抵押贷款，严重影响上市公司的正常经营和声誉，侵害了上市公司其他股东的合法权益。民伦集团取得明星电力的控股权后，疯狂侵占明星电力的资金等案例接连被曝，这就说明诚信建设在证券市场发展中的缺失，也让监管部门看到了从源头对收购方进行监管和审核的必要性，并且要建立健全长效监管机制。

3. 规范与发展并举的市场化阶段（2005年至今）

2005年以来，中国证监会着手修订了包括新《证券法》《上市公司收购管理办法》《外国投资者对上市公司战略投资管理办法》《关于外国投资者并购境内企业的规定》《企业会计准则—应用指南》等在内的一系列法律法规，对上市公司的并购重组制度做出了调整，转变监管方式，以促进形式创新，优化资源配置速度，提高市场效率。在监管部门的支持下，上市公司在并购重组的形式上进行了积极创新，从单纯的非流通股协议转让发展成要约收购、定向发行、换股合并等多种方式；支付方式增加了债务承担、资产认购、股权支付等多种方式；重组标的也从资产买卖发展到与定向增发相结合的注资活动。并购重组活动经过市场化发展为我国证券市场增添了活力，成为新的热点和亮点。在这一阶段，优质公司出于实现产业升级的目的进行战略性调整而导致并购重组行为的增多，以往的"输血式"并购重组行为已经减少。相比之前，国家监管部门对并购重组的监管力度也加以提高。最经典的案例当属格林柯尔收购美菱电器、亚星客车和襄轴股份。当证监会发现格林柯尔与有关公司屡次以财务造假和关联交易的方式进行资本运作和财产转移时，果断出手展开调查，最终将窃取国家财产的幕后黑手送入监狱。然而，由于并购重组的谈判与审批流程较多，从发布拟收购公告到完成收购所需时间较长，股价的波动性较大，因此收购的定价仍有一定困难。

从以上三个阶段可以看出我国上市公司的并购重组发展有着特殊的政治背景和社会环境。在新时期，如何推动我国资本市场升级，充分挖掘上市公司并购重组的潜力，促进产业优化转型，保证国民经济持续稳定健康发展，还需要我们把握好我国上市公司并购重组的现状，结合当前经济发展情况，积极探索新方法，努力运用新思维来解决发展中出现的新问题。

第一节　上市公司并购方式方法

在市场不同的发展阶段，并购重组方式的选择也不一样。在股权分置改革前，上市公司并购多采取协议收购、间接收购和国有股权行政划转等方式。2005年，国家全面推进股权分置改革以来，证券市场的流动性大大增强，使上市公司的收购方式也更加丰富，充分发挥了资本市场效用。

一、按并购双方谈判策略分类

1. 要约收购

要约收购的标的是收购人向被收购的公司发出收购的公告，待被收购上市公司确认之后，方可实行收购行为，这种并购形式是各国证券市场最主要的收购形式，通过公开向全体股东发出要约，达到控制目标公司的目的，要约收购是一种特殊的证券交易行为，其目标为上市公司全部依法发行的股份，通过向上市公司的全体股东公开发出要约，按照要约中规定的价格和期限收购目标公司的股份，从而实现对目标公司的控制。这种形式的并购可以避免信息不对称对中小投资者带来的伤害，有利于防范内幕交易，促进建立公平公开的市场规则。

2. 协议并购

协议并购是通过直接与目标公司进行协商、谈判的方式，在场外完成收购协议的签署，实现股权转移的收购方式。通过直接接触与了解，并购企业能够尽可能更全面地获取目标公司的真实信息，判断投资价值，也能促进并购企业与目标企业之间的理解与合作，促进并购的达成。由于是在场外进行的交易，因此收购价格通常比场内交易要低，收购活动的费用成本也能有所降低。

3. 投资控股并购

投资控股并购指的是借助向上市公司进行投资并进行改组使其成为自己的控股子公司完成并购的方式。采取这种方式进行并购多是由于企业为了提高市场占有率，减少竞争对手或者是借助目标公司的资源进入并不熟悉的新行业。这种并购方式，企业只需用较少的资金就能完成对目标企业的控股，大大提升了资金的使用效率，但是目标公司的原股东仍然是股东，对于企业并购后的运营管理也会带来一定的制约。

4. 资产置换并购

资产置换并购是指上市公司控股股东以一定资产去换取等值的上市公司优质资产的交易。通过资产置换把公司的呆滞资产或不良资产置换出去，获得目标企业的优质资产，实现企业资产的双向优化。这种方式是并购重组方式中效果最快的一种。置换并购完成后，公司的资产状况可以迅速改善，产业结构能够快速调整，上市公司的资产置换并购非常普遍，但由于信息不对称等因素的影响，多出现于上市公司与其子公司之间。

5. 二级市场收购

直接通过二级市场购买目标公司的股票，从而完成控股目标企业，是收购的一种重要途径，也是一种比较常见的企业并购方式。但是，仅靠这种收购方式完成对目标企业收购的难度相当大。一方面，为了达到一定的持股比例，并购发起必须大量收购目标企业的股票，这种情况必然会带动目标企业的股价大幅上涨，增加收购的成本；另一方面，交易相关的法律法规也对收购行为做出了诸多限制。因此，这种收购方式多适用于上市公司控股股东持股比例不高的情况，当企业通过二级市场交易收购股票数量达到需披露的股权比例时，代表企业已经获得对目标企业的控股权或者即将获得控股权，收购也即将达成。

除了以上几种，还有股权拍卖、司法拍卖和司法过户等方式。

二、按是否取得目标公司同意分类

1. 善意并购

善意并购又称"友好并购"，是指事先与目标企业进行协商，通过谈判达成一致意见而完成并购活动。善意并购的双方在自愿、公开的条件下进行合作，成功率较高。

2. 恶意并购

恶意并购亦称"敌意并购"，是指并购企业在并非协商的情况下，突然对目标企业发起要约并购，或以高于市场的价格吸引目标公司股东，而不顾企业经营者的意愿出售股票，从而达到控股目标公司的行为。通常被并购企业会采取相应措施进行反并购，成功率较善意并购要低很多。

三、按并购的出资方式分类

1. 现金并购

以现金支付的方式实行并购，就是现金并购。现金作为流动性最好的资产，具有快捷方便、容易实施的特点，是很多的小规模并购案例最常见的支付方式。并购方与目标公司达成要约时，为获得目标公司所有权，只需支付约定的交易金额，目标公司拿到现金后，就失去了该公司的所有权益。

企业经营过程中，经常强调高流通、高周转，现金作为流动性最强的资产形式，在并购的过程中具备很多优点，首先是交易简单快捷。如在恶意并购中，并购方要求行动迅速果断，尽可能地压缩目标企业的反应时间，因此现金并购能够最为迅捷地获取被并购企业的控股权，并且在短时间内筹集大量的现金也是需要一定实力的，因此竞争对手很可能短时间内无法筹到所需的资金，从而使发起并购企业获得竞争优势。其次是以现金的方式支付，没有对并购方的股权结构产生影响，也就无须担心控制权的转移、稀释问题。然而，现金并购也存在缺点，无法实现规模较大的并购事项，并购方本身要保证自身的现金流稳定，如果交易金额过大，并购方将面临巨大的资金压力，若无法筹集足够的资金，并购事项将被终止；即使通过外面的渠道筹集到资金，并购方还需面临还本付息的压力，使企业经营负担过重，得不偿失。综上所述，现金并购应结合并购方自身的实力来决定并购规模的大小，量力而行。另外若并购方的发展潜力巨大，不希望将本公司的股权稀释转移给他人，则应考虑现金并购。

2. 换股并购

在并购规模较大，现金支付无法进行的情况下，换股并购也是一个很好的选择，并购方使用公司原有的股票与目标公司的股票相互交换，或者发行新的股票与目标公司股票进行交换，来完成并购。这种方式被并购方并没有完全失去所有权，只是股票所有权发生了转移，并购方得到公司控制权的同时，被并购方也成为并购方公司的新股东。具体操作，分为单纯的换股和发行新股，前者由于不涉及资金方面的交易，因此操作过程简单；后者则需增发本公司的股票，有稀释股权比例的问题，需要得到多方赞同才能实现。但为了企业能够实现并购以及得到更为长远的发展，这种方式也得到了广泛的认可。

换股并购能够实现大规模的并购交易，减少现金支付的压力，但换股并购很讲究时机。上市公司在并购时需要关注证券二级市场上的股价波动，当股市行情好，并购方公司股价具备向上冲的潜力时，意味着本公司股东的资产具备增值的有利机会，实行换股并购就更有可能打动目标企业领导者。若换股并购时机把握得好，应用得很恰当，并购方就能用极少的成本完成并购事项，甚至能够实现小公司对大公司的并购。

除了交易规模上的优势之外，它还具备了其他优势，一方面，由于目标公司能够获得存续公司的股票，被并购方心理上更容易接受，不会产生严重的消极想法而拒绝交易；换股并购具备互利共赢、共享经营效益的理念，因此更加有利于并购后的整合工作，因为企业原有的管理者也被激励去完成好资源的整合工作，实现公司整体向好发展。另一方面，换股并购也能合法规避许多的交易税和其他的交易费用。

正因为上述优势，市场上越来越多的人愿意采取换股并购的方式来交易。但是也不能忽略换股并购的缺点，互换股票意味着牺牲了并购方本身的股票收益，稀释了股利和控制权。如果并购方具备很强的发展潜力，那么意味着公司将未来很大的利益交换了出去，公司的股东也可能因为每股收益减少而出现矛盾，不利于公司内部团结。综上，换股并购适合自有资金不足，同时无法顺利得到融资，或即使得到融资也没有还本付息能力的公司实现并购。另外，也适用于并购方的股票定价较高的企业，高估的股价降低了实际购买的价格，有效地降低了并购成本，起到了"四两拨千斤"的作用。最后，换股并购不适合那些未来有巨大潜力的上市公司，如果公司的潜力巨大，很可能换股并购的沉没成本变得十分巨大，但反过来对于发展潜力或成长性预估一般的公司，换股并购的方式则是一种能够分散风险的有效方式。但在现实生活中，一个公司的发展潜力，并不能被很准确地预测，因为不确定的因素太多了，投资者普遍是厌恶风险的，因此绝大部分并购方很愿意使用换股并购的交易方式。

3. 综合证券收购

综合证券收购是指为了完成对目标公司及其股票的收购，收购者采取现金、可转换公司债券等各种组合方式进行购买，主要有：

（1）公司债券。对于并购方来讲，公司债券利息较低，并且通常不需要缴税，可以有效降低收购成本；与此同时，公司债券还可以与可转换债券、认股期权一同发行，增加投资产品的种类，方便有不同需求的投资者购买。但是，它的交易范围有所限制，只能在证券交易所流通。

（2）认股权证。发行方为上市公司，持有认股权证的人能够在一定期限内按照约定的价格认购一定数量的新股。这种方式对于收购方和投资者都有好处，发行认股权证，一来公司能获得资金且短时间内不用支付股利；二来由于认股权证的价格普遍低于股票市价，因此能够用更少的资金获得一定的股票认购权，从而有机会获取一定的投资利润。

（3）可转换债券。该债券是指持有人可以按照约定的价格将债券转换成股票，相比普通债券，这种债券利息比较低，流动性更好，因此收购方经常采用这种方式来进行支付。如果收购的公司股票具有升值潜力，对于被收购方来说通常是较为认同这种方式的，因为可转换债券将债券风险低和股票高收益的特点结合了起来。

（4）优先股。优先股具有优先索偿权和明确的股息收益率，但无投票权和表决权。

如上所述，综合证券收购的种类很多，搭配使用得好，可以避免以单一现金的方式支出，在把握控制权的基础上更好地融资，进而顺利地完成收购，但是要警惕出现错误的搭配，导致支付工具没有发挥出相应的长处，反而在收购的过程中增加了成本等其他额外的问题。

第二节　上市公司重大资产重组

重大资产重组属于资产重组，但相比一般的资产重组，顾名思义其规模要大得多，其影响力非常广泛，小至对上市公司本身及其利益相关者产生深刻的影响，大至对我国整个资本市场，甚至对我国经济发展形成一定的震动。一般情况下，重大资产重组对于上市公司主体的具体影响主要体现在如下六点，即上市公司的总资产、净资产、净利润、总股本、营业收入以及主营业务。除主体之外，对上市公司相关联的企业和个人都会产生影响，如上市公司股东、投资该公司的机构投资者和中小投资者、该上市公司的员工及债权人、上下游企业及其他有业务往来的企业等。宏观上来看，重大资产重组涉及的产业升级、资源调整可能会关系到我国的宏观经济，并购基金、股权融资等则会影响到我国的金融市场。

关于重大资产重组，学术界没有统一的定义。但在我国资本市场的相关法律法规中有较为详细的阐述，根据《上市公司重大资产重组管理办法》（2016）（以下简称《管理办法》）中第二条规定："重大资产重组是我国上市公司及其控股或控制的公司在其日常经营活动之外购买、出售资产或者通过其他方式进行资产交易达到规定的比例，导致上市公司的主营业务、资产、收入发生重大变化的资产交易行为。"这里的上市公司主要是指主板的上市公司和新三板挂牌公司，需要注意的是这两个板块分别适用不同的法律法规。另外《管理办法》的第十五条还做出了补充说明，指明了定义中的其他方式主要有：①与他人新设企业、对已设立的企业增资或者减资；②受托经营、租赁其他企业资产或者将经营性资产委托他人经营、租赁；③接受附义务的资产赠与或者对外捐赠资产；④中国证监会根据审慎监管原则认定的其他情形。

另外根据法律法规所述，重大资产重组中的重大是一个相对的概念，这就涉及参照标准的确定，我国采用收购或剥离的资产占上市公司各项指标的比例来界定，具体有如下标准：①购买、出售的资产总额／上市公司最近一个会计年度经审计的合并财务会计报告期末资产总额≥50%；②购买、出售的资产在最近一个会计年度所产生的营业收入／上市公司同期经审计的合并财务会计报告营业收入≥50%；③购买、出售的资产净额／上市公司最近一个会计年度经审计的合并财务会计报告期末净资产额之间≥50%，并且超过5千万元人民币。

另外，对于那些未达到上述比例标准，但我国证监会认为其行为有损害上市公司和投资者合法权益的嫌疑时，遵循审慎管理的原则，证监会有权责令上市公司按照规定披露相关信息、暂停交易等一系列配合监管行为。其中需要特别注意的是上述总额都是对同一资产或类似业务范围资产进行收购和出售的累计值。

第三节　上市公司并购重组的相关流程

一、上市公司并购重组的基本环节

1. 并购重组前期

并购重组往往是上市公司为了更好地发展，采取的一种战略手段，要实行并购重组，前期最重要的就是目标企业的选择、调查、评价，判断一个企业是否可以成为并购目标是非常重要的环节。在这一环节中，类似于投资银行提供相关金融类业务的中介机构在其中起到了极其重要的作用，并购企业涉及信息收集、财务等大量的专业性操作，往往需要投资银行提供专业的咨询和建议，投资银行也具有很强的人脉网络，能够为促成并购提供洽谈途径。但需要注意的是，该投资银行不能与并购各方有利益联系，并且投资银行有义务提醒客户注重保密，尤其是开价等事宜，防止因为泄露机密导致并购计划失败，同时在宣布开价之前，相关人员不得交易也不得建议其他人交易涉及并购的各公司股票。

在前期，企业应与中介机构合作，根据自身所在的行业，通过研究自身的资产、经营状况，合理地评估自身的实力，形成适合本公司的并购重组战略。在此基础上，进行可行性分析，筛选出合适的目标企业。最后也是较为关键的一点，寻求目标公司当地政府的支持。此外，还应该将目标公司的情况做一个详细的调查，主要调查包括经营状况、税收、财务和诉讼等内容。

2. 并购重组中期

在明确并购重组目标和做好前期的相关准备之后，就正式开展并购重组了。在这一阶段，并购发起企业具体可发出并购要约，顺利的话通过一系列程序就能达成交易。这一系列程序主要涉及，与目标企业进行谈判，谈判的过程中确定并购方式、定价、支付方式等，达成具有法律效应的协议文件，同时还要解决并购后的人事安排问题，最后并购方付款，获得股权、控制权，至此交易完成。

3. 并购重组后期

在并购重组之后，仍然有许多的工作要做，因为企业并购重组是为了整合目标企业的资源和技术，然而这一过程是否能够成功，还不一定。并购成功涉及企业其他众多因素，如管理体系、企业文化等。因此在该环节，将并购企业成功地整合在一起，充分调动目标企业的生产力显得尤为重要。

二、上市公司并购重组的行政许可审核工作流程

为了维护社会大众的利益，政府需要对一些并购行为进行监管，因此在上市公司并购重组的过程中，离不开政府的行政许可审核，接下来详细阐述具体的审核流程。上市公司在并购的过程中需要与政府相关部门做好沟通，获得行政许可，主要有：①要约收购义务豁免；②上市公司收购报告书备案；③上市公司发行股份购买资产核准；④上市公司合并、分立审批；⑤上市公司重大资产重组行为审批。审批部门为证监会的上市公司监管部，按照标准进行审批，审批的过程要公开透明，保证审批行为符合规范和公正，同时还应该保证高效率、便捷地为人民服务。

1. 审核流程图

（1）不同的内容审批流程不同。如图 4-1 为上市公司收购报告书备案、要约收购义务豁免等的审核流程。

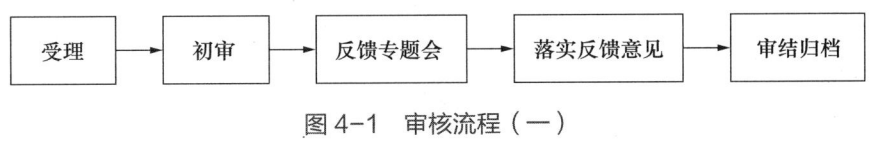

图 4-1　审核流程（一）

（2）图 4-2 的审核流程更加严格。增加了审核专题会、并购重组委会议和落实这三个过程，该流程主要针对上市公司发行股份购买资产核准、重大资产重组行为等事项进行审批。

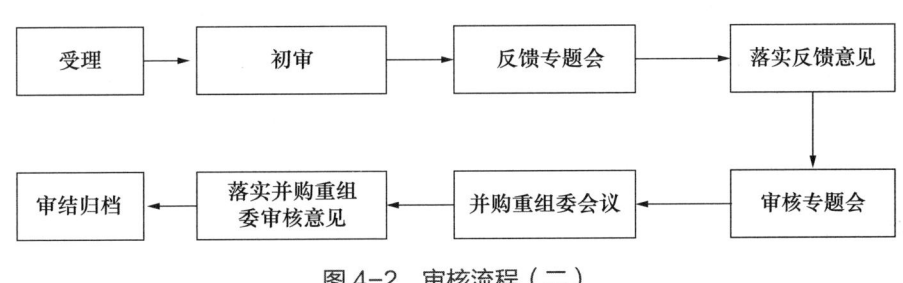

图 4-2　审核流程（二）

2. 主要审核环节简介

（1）受理。根据《中国证券监督管理委员会行政许可实施程序规定》（证监会令第 66 号）、《上市公司重大资产重组管理办法》（证监会令第 73 号）和《上市公司收购管理办法》（证监会令第 77 号）等规则的要求，对于上市公司并购重组的行政许可申请，证监会上市公司监管部将依法受理。

上市公司监管部对于这一环节的审查工作主要是审查形式，即审查申请材料是否齐全。申请材料完整且符合受理条件的，应通知受理部门予以审查；申请材料不完整或者不符合条件的，则须通知申请人补充、修正材料；申请人没有在规定的时间内提交补正材料，则不予受理。

（2）初审。初审环节的受理部门是上市公司监管部内的并购监管处室，该处室获得受理通知后，会挑选审核人员，根据申请项目的内容和工作量来指定人员，同时还需注意公务回避。初审实行双人审核制度，并从财务和法律两个角度进行审阅，审批人员审阅后应提交预审报告。

（3）反馈专题会。在初审环节里会发现一些值得关注的问题，反馈专题会环节则要求通过集体讨论这些问题，提出反馈意见和其他的建议，通过众人的智慧，共同决策。在专题会议之后，初审的审核人员将结合会议成果，修改反馈意见，通过内部签字批准等程序给予申请人答复。申请人从递交申请材料到接受反馈意见的过程中与审查人员之间不得有任何接触。

（4）落实反馈意见。申请人在取得反馈意见后，应在指定时间内提交反馈回复意见，在准备回复意见时，申请人可能会存在各种各样的疑惑和问题。在这一环节允许申请人和审核人员沟通，但主要以电话、传真等通信工具进行沟通，如有必要面谈，上市公司监管部需派出两名以上的工作人员，防止出现违法乱纪的现象。申请人可以自己或请中介机构的专业人员作为财务顾问参与会谈，其中会谈地点应选在正式的办公场合。

（5）审核专题会。如前所述，不同的申请内容存在不同的审批流程，审核专题会经常出现在发生重大资产重组的申请时，这一环节将决定该申请是否能够提交至并购重组委审议。若专题会决定提交，上市公司将会接收到上市公司监管部的通知，上市公司需按照要求向交易所申请停牌；倘若没有通过，则说明重大资产重组方案存在重大问题，上市公司监管部应发出书面反馈意见。

（6）并购重组委会议。根据《中国证券监督管理委员会上市公司并购重组审核委员会工作规程》，会议将提前发布会议公告，一般提前4个工作日公布申请人名单、参会委员名单等。参会委员一般为5人，会议委员会提出审核意见，然后采用记名投票的方式进行表决，如果有3人表示同意，则予以通过，并由证监会发布审核结果；如未达到3人，则表示没有通过，并出具书面审核意见。

（7）落实并购重组委审核意见。同样，申请人在收到书面反馈后，需要在 10 个工作日内提交书面回复材料。上市公司监管部将会核实申请人是否落实审核意见的要求，然后反馈给参会委员。

（8）审结归档。最后，上市公司监管部完成行政许可的签批程序，即予以核准或不予核准，审核结束并发布公告，同时密封保存好申请原件，进入档案。

3. 审核流程的其他事项

审核的过程中，不可避免地会出现一些未知的因素影响，比如收到举报材料，为保证真实性，上市公司监管部根据规定，有权对申请材料的相关内容进行实地核查。另外，由于目前的规则并不能涵盖所有的情况，当遇到之前从未出现过的新问题时，上市公司监管部将召开专门的会议探讨研究解决办法和处理意见，按照程序召开的会议结果必须遵循。

第四节　我国上市公司并购重组存在的问题

1. 国有企业重组受政府干预

由于历史因素，我国具备相当实力的上市公司大多为国有企业，因此政府具有多重身份，它既是我国经济社会的管理者，又是企业的所有者、经营者，这与西方众多发达国家有很大的差异。目前，我国的国有企业普遍面临结构升级的挑战，并购重组往往能够为国有企业注入新的活力，成功的并购重组能够使国有企业的抗风险能力大大增强，有利于改革的进一步推进。由于上市公司并购重组影响广泛，政府在其中扮演着多重角色，不同角色的目标可能不一致，政府作为管理者，希望企业并购重组能够有助于当地甚至全国的经济发展,如增加就业、增加财政收入等,但并购重组更多的是一种市场行为,即政府作为所有者、经营者,应该更加注重企业是否能够获得利润,如果并购重组无利可图,上市公司是不会付出行动的。有些政府官员可能为了提升政绩,强制干预企业行为,由于这些非市场行为,导致资源配置的低效率,企业可能出现亏损。

这种情况较为广泛地出现在地方政府,地方政府为保证本地区的利益,只允许当地的企业之间并购重组,如果外地企业有意向并购本地企业,一旦触及当地的利益,地方政府就会毫不留情地拒之门外,或者通过各种借口拖延,使并购方错失良机,阻碍了并购重组的进程。另外,还有一些地方政府为了"粉饰太平",故意促成上市公司并购一些严重亏损且无外力扭亏为盈的企业,导致市场扭曲,严重损害了整体社会福利。

2. 中介机构尚需进一步规范

从前文可以看出,在上市公司并购重组的过程中扮演重要角色的就是投资银行等中介机构,在资本市场的众多交易类型里,并购重组由于涉及的事项多,并且操作流程复杂,专业性要求高,这就使发起并购企业不得不聘请专门的中介机构作为顾问,对并购重组的一系列流程提出专业性的意见,并且中介机构由于参与过其他公司的并购重组,不论在经验或者人脉关系网络上都具有优势,能够为并购重组双方搭起桥梁进行洽谈,最终达到各自的目的。但现实情况中,我国的中介机构整体专业水平较低,除几家顶尖机构之外,大部分的中介机构行为规范还需完善。

国外的投资银行业非常发达,关于并购重组业务的认识较为深刻,而我国的许多中介机构对于该业务还不是很熟悉。由于我国的资本市场还不够发达,在我国扮演国外投资银行角色的主要是证券公司,也就是券商,它承载了投资银行大部分的职能,证券公司内部通常又会设置一个投资银行部,专门从事并购重组等业务。从国外的经验来看,优秀的投资银行在从事并购重组业务时应做到,为客户代理策划并购或为不愿意被并购的客户代理实施反

并购策略、协助并购方筹集资金、并参与促成谈判，总的来说就是类似经纪人、顾问的角色。然而，我国许多的证券公司绝大部分的主营业务还是承销证券等，投资银行部资金实力不够、具备专业能力的人员也较少，没有足够实力满足客户的需求，从而导致经验的缺失，陷入恶性循环，最终可能不再提供该项服务。

除投资银行之外，会计事务所、律师事务所、投资咨询公司等其他中介机构也是并购重组过程中不可缺少的部分，这其中会计事务所起到了重要的作用。并购重组过程中审计公司的会计报表，确保向外提出真实可信、完整准确的财务信息，但在现实情况中，由于会计事务所竞争非常激烈，受雇的注册会计师和会计事务所往往会为了赢得客户、获取可观的报酬，不断提高服务质量，竭尽全力为客户工作，这本是一件好事，但其中也出现了一些违背职业道德的现象，如帮助客户做假账，对虚假财务信息"睁一只眼闭一只眼"。短期来看会计事务所可以获得竞争优势，导致其他合规的会计事务所陷入泥潭，但久而久之，将严重损害整个注册会计行业的声誉，出现这种恶性竞争，对我国的并购重组也产生了极大影响。同样，律师事务所等其他中介机构也可能存在如上问题，因此各行业协会需要时刻警惕，加强监督管理。

3. 将并购重组作为投机机会

回顾近几十年的上市公司并购重组，可以发现由于我国资本市场不完善，许多企业都在利用制度的漏洞来融资圈钱、投机获利，总结来看主要的手段为"粉饰太平"和"买壳上市"。许多公司为了在资本市场上引起关注，通过并购重组来"改善"公司的财务报表，甚至发布一些未署名的公告向股市释放利好信息。如果市场是理性的，信息交流通畅，那么投资者是能够识别并做出反应的，但恰恰相反，由于信息披露不透明，一些投资者对于这些粉饰的现象表示认同，又因为"羊群效应"的存在，二级市场上股价不断推高，使并购企业达成了目的。

"买壳上市"长期以来一直被渴望上市获得融资的企业所青睐，这其中不乏许多优质的企业。企业由于不断发展壮大而急需资金，获得资金之后能够为社会提供好的产品或服务，这些企业"买壳上市"能够实现低成本的融资，有利于提高社会整体的福利。然而也存在一些企业仅仅是为圈钱而"买壳上市"，这些企业本身不具有管理整合被并购后"壳"公司的能力，企业的大股东往往在获得配股资格之后，开始大量配股融资，当达到理想的价位时就抛售套利，一是弥补了企业并购重组花费的成本，二是大股东也捞到不少好处，后来的投资者则损失惨重。

当然也存在一些优质的企业在刚并购完成之后，业绩出现了短暂的大幅上升，但后续的整合工作却没有做好，导致业绩下滑严重，其根本原因在于不同企业之间的管理理念/经营思维不同，并购重组导致不同的企业文化、组织结构要融为一体，势必需要磨合。如果在并购前期、中期仅仅看重的是并购后的财务效益，没有用更加长远的眼光发现可能存在的问题或者没有计划好后期的整合工作，就可能造成既没有培养出新的核心竞争力，又增加了整个企业负担的结果。

4. 经营管理者的道德风险

作为上市公司的首席运营官，不仅需要对董事会、股东负责，也要为社会大众负责。当涉及并购重组这样的重大事项时，管理者承担的责任和压力是巨大的，整个并购重组的策划、组织都需要管理者身体力行地参与其中，非常考验管理者的个人能力。然而，站在企业所有者的角度，一个好的管理者不仅需要能力强，还需要与企业所有者的利益关系尽可能一致，然而由于信息的不对称，委托代理问题不可能杜绝，董事会虽然是上市公司的最高权力机构，但如果不经常参与生产管理活动，相比管理者，自然不太了解公司具体的业务情况，当需要做重大决策时，管理者的话语权会更大。一些管理者可能为保证自身的利益最大化，损害了股东的利益。并购重组是增大企业规模的有效途径，而企业的规模增大，能够一定程度上反映管理者的业绩，因此可能会出现过度投资、过度消费的情况。例如，一些并购行为只会让公司看起来规模、业务范围更加大，但实际上并不能为公司带来利益。

通常来说，解决委托代理问题较好的办法就是设计一个好的雇用合约，确保激励相容。近几年来，我国的上市公司不断发展，作为职业经理人的管理者，薪资不断提高，但仍然与其职责和劳动量不对等，薪资设计上并没有做到激励相容。另外，我国的上市公司大多为国有控股公司，公司的管理者都是行政任命的，大部分为政府官员，这些政府官员只要不涉及贪污、受贿等违法乱纪之事，即使企业管理得较差，出现了亏损，也不过是调整一下，换一个地区担任管理者罢了。因此，对于这些人来说，他们对于并购重组的决策可能会不够警惕，思考得不够周全，从而增大风险。

5. 融资手段欠缺

由于我国的资本市场不够发达，融资手段太少，导致上市公司并购重组的融资成本过高，但是又没有更好的融资办法，因此一些具有战略意义的大型并购想法难以实现。

（1）贷款融资难。由于并购重组，尤其是重大资产重组往往都需要大量的资金，并购方为保证自身的现金流充足，不会单纯依靠自有现金支付，银行的中长期贷款往往是企业的第一选择。然而，我国的商业银行需要控制风险，降低坏账率，同时业务能力也不足以支撑资本市场上复杂的并购业务，虽然有质押、抵押的防范措施，但借款金额巨大，质押、抵押物无法保证能够弥补损失。因此，按照目前的制度环境，很难获得贷款融资。

（2）衍生金融工具的利用率较低。如前所述，上市公司并购重组的方式有许多种，这得益于金融市场上融资工具的创新，如可转换债券、认股权证都能够以较低的成本融到大量的资金，但这些工具在现实生活中的利用率仍然普遍偏低，一方面是由于资本市场对于该项目是否能够得到收益表示疑惑，上市公司无法募集足够的资金，另一方面一些企业仍倾向于以传统购买的方式进行交易。

（3）债券融资的规模有待提高。因为公司债券的还款付息是用公司自有的利润，影响公司经营状况的因素较为复杂，相比国债和市政债券，公司债券的风险较大。为了保护广大投资者的利益，我国对于公司债券的发行资格门槛较高且采取整体规模控制，使公司债券的发展受到限制。另外，企业发行债券还受到国家产业政策的影响，募集的资金需要投向符合产业政策的领域。另外，公司债券虽然收益较高，但在债券二级市场上的流动性低，投资者们仍然更倾向于购买有政府信用做担保的债券种类。近年来，我国正处于大力去杠杆的时期，债券的发行更是受到严格把控。综上，债券融资有待进一步的发展。

6. 并购重组后续整合较差

上市公司并购重组完成后，企业的经营步入了一个新的起点，同时也意味着管理水平需要提升，领导者需要有更强的管理能力，才能处理好更大规模的企业，一个成功的并购能够使企业的盈利能力得到提升，人才、设备等软硬件实力逐渐增强，在市场中的地位稳步提升，抗风险的能力自然得到加强。但是从实际情况来看，还是有许多的上市公司仅仅为了企业报表的"好看"，不注重管理和整合企业资源，使发展不具备可持续性。

第五节　上市公司境外并购操作流程

境外并购包括并购境外上市公司和并购境外非上市公司两大类，现将这两大类情况下并购的一般操作流程分别叙述如下：

一、并购境外上市公司的操作流程

对于并购境外上市公司的操作流程，具体可分为以下几个阶段：①并购前的调查阶段，接触了解对方公司的意向；②设计并购重组方案阶段，通过聘请专业机构作为顾问确保方案的可行性；③股权重组实行阶段，包括形成意向书、签订股权转让协议、股权交接、执行协议等一系列操作；④上市公司重组阶段，即公司内部各要素的重组。

1. 并购目标的选择确定

"知己知彼方能百战不殆"，并购某种意义上说也是一场战役，企业需要收集被并购企业的信息。当代社会信息高度发达，关于上市公司的信息能够从互联网中得到一部分，如月度、季度和年度报告、上市公告书、公开披露报告等；另外还可以从媒体报道搜寻该公司过去行为或披露的社会责任履行情况等各种能够衡量企业指标的信息。在获取信息之后就要进一步分析挖掘，从资产负债表、现金流量表、所有权收益表等财务报表中了解该公司的实际价值、资产质量等财务状况信息，此外还应该调查了解目标公司在其所在行业的位置、公司产品或服务的受众人群。收集整理信息的过程中就需要思考并购的可行性，怎样才能降低运作风险，以尽可能低的成本实现并购目标。同时，与目标公司股份持有者进行接洽，了解对方是否有卖出股权的意向，这一过程需要展示出自己的诚意，尽可能地让持有者同意配合并购方的计划。通常情况下，上市公司会将上述众多的专业性分析工作交给专业的中介机构，由它们出具可行性报告，这会对公司并购的决策起重要指导作用。

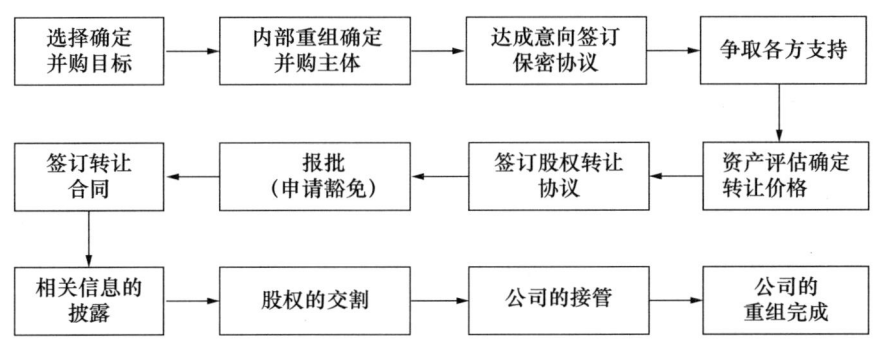

图4-3 并购境外上市公司流程

2. 设计并购重组方案

确定并购目标之后，就需要开展并购方案的设计工作，首先要知道的就是自己的预算有多少，即分析兼并收购可能需要的成本。如果项目较大，并购方往往需要对本公司进行内部的清产核资，并做好内部重组的方案制订工作。其次展开并购方案的设计，设计完成后报告相关部门，等待反馈意见，只有得到主管部门的支持，才可开展接下来的行动。

3. 正式洽谈，签订股权转让协议

得到主管部门的认同之后，并购双方可在之前签署的股权转让意向书的基础之上对正式的协议条款展开谈判，谈判期间需要具备证券执业资格的会计事务所、注册会计师和律师事务所对目标公司的资产进行评估，审查财务状况、是否存在法律纠纷，当并购双方对协议条款达成一致后，正式签订股权转让协议，同时双方还可以签订一些补充协议来完善正式协议未达成约定或遗漏的内容。

4. 转让协议的报批，签订正式的股权转让合同

根据规定，当目标公司转让本公司总股本的 30% 以上时，就必须向国家证券监管部门提出申请，只有获得批准后才能够进行后续的合同签订环节。收到各级监管部门的批复文件后，公司应仔细阅读，并根据这些文件调整修改之前完成的股权转让协议，形成正式的股权转让合同，双方签署后，并购方就应该按照约定支付部分转让金给股权出让方。

5. 股权转让的信息披露

并购人须在签订合同之后的三天内将股权转让合同及其他需要报告的事项以书面形式提交给国家证券监管部门，同时根据监管法的规定，并购事宜属于上市公司的重大事件，需要对市场发布临时公告。另外，此类重大事件一般还需要进行法律论证，具体操作可聘请具备证券执业资格的律师事务所出具法律意见书完成论证并提供参考意见。

6. 股权交割，公司接管

发布公告之后，可以进行股权交割，并购方和出让方都需派出代表到证券登记结算机构办理手续，至此就正式完成了对上市公司并购的所有法律程序。并购方需对目标公司进行接管，为实现对并购企业的控制，并购方会派出人员加入被并购企业的董事会，或者委派管理人员入职担任高管。

二、并购境外非上市公司的操作流程

相比之下，并购境外非上市公司，操作步骤有所减少，但仍然很复杂，主要有以下环节：

1. 意向书

并购境外非上市公司，意向书不是一个必需的步骤，因为法律上没有规定，但为了体现出双方都有顺利完成并购事宜的诚意，同时也能够在之后的谈判中减少时间、金钱成本，通常情况下，双方也愿意达成意向书。在这个过程中需要注意，意向书的形成可能会使双方产生矛盾，一些条款可能会引起对方的误解，而后要花费大量的时间解释与论证，反而增加了成本，那就得不偿失了。所以只要将总的意向达成一致，形成简短精练的意向书就是该环节的成功。

2. 调查

一般来说，并购境外非上市公司在调查环节更加需要谨慎，因为被并购方无须向社会披露财务信息，那么公司的实际财务信息就需要更为细致的调查，并购方雇用的注册会计师和律师会用专业的方法对被并购企业展开调查，主要针对财务信息、商业事务和行政事务，并实地调查企业内的账册和地方特许权，如原始合同、原始凭证、许可证等，检查时需仔细验证材料的真实性。另外，国外企业的工会力量普遍比较发达，因此还需要调查听取工会的意见，清楚了解雇员的薪资、退休金安排等及其他条件，具有工业生产性质的企业，还需要了解工厂内的氛围、惯例。最后，并购方律师还需要调查清楚是否存在因为兼并行为而终止关键合约的情况。

3. 董事会安排

董事会全体成员批准后，才能够由一家或几家核心公司签订法律上的协议。另外，如果目标公司是企业集团的附属公司，则需要得到母公司董事会的批准之后，才能正式签订合同。

4. 政府部门的批准

为防止国家核心资产、技术不被其他国家获得，各个国家的法律都要求对并购事项展开严格的审查。例如，在英国，为获得公平竞争办公室的信任，当并购比例达到一定标准可能形成垄断，就应该与该机构进行非正式接触，只有取得国务秘书的同意才能进行后续的谈判。一些重大并购交易，如在欧盟体系内，根据欧共体的兼并法规，还需要向欧共体委员会提交申请，获得许可。在美国，则要防止触犯反托拉斯法。

5. 谈判

接下来到了重要的谈判环节，该环节会花费大量的时间精力，其谈判内容主要针对交易方式、金额数量及其他补偿措施等，其中并购方提出的特许条款和税收抵免的范围是需要双方统一意见的重点内容。现实情况表明，之前达成的意向和协议，一些好不容易建立起来的商誉和好的合作势头，可能会由于接下来争论的一些"鸡毛蒜皮"的小事而被毁掉。并购转售协议是个复杂的文件，需要很长的篇幅，没有理由耽搁，使用先进的文字处理技术，一份合同草案能在一两天内完成，此后的谈判过程应该紧扣时间表的安排。

6. 收购决议，交换合同并发表声明

双方经过谈判后，应该以法律文件的形式将双方的谈判成果写下来，即签署收购决议，之后开始正式签订交换合同。当交换完成之时，并购方就正式成为被并购公司的所有者，由于此时可能会出现风险，并购方会投入保险，以保证能够在风险发生时，自己的利益不会受到严重的损害。

并购双方在完成交换合同时还应公开发表声明，为了并购后企业仍然能

正常经营，并配合资源整合工作，不应隐瞒工会代表和所有雇员们。发表声明后还应该召开高级管理层会议，然后再将相关信息传达到基层。另外，也应通知公司的主要客户和供应商，可通过私下电函通知的方式。为了维护自身的权益，他们会关注此次行为是否对自身产生影响，在这样的情况下，如果涉及裁员和调整岗位的情况，可能在与工会谈判期间引起不满，这显然不是一个明智的选择，因此声明应仔细准备，确保平稳过渡。

7. 核准

接着是核准环节，在该环节并购方需召开特别股东大会，由股东来核准，有时为了保证收购的顺利，需要发行新股补偿，这些都需要股东投票表决。另外，并购方将收到代理委托书，办理合同许可证等。这部分程序可能要花费大量的时间、精力，并购方需要与专业顾问联络，无休止地召开起草会议和定期向证券交易所递交未得到认可的草稿的校样。在这一阶段，需要取得合同中所要求的特别许可和其他权威机构许可。此外我国的税务局如果怀疑此次并购事项的动机，需要申请交换税收票据，证明自身不是特意为了避税才这样做的。

8. 董事会改组

此时被并购公司方面也需要召开董事会议，会议上将宣布人事任命调整，任命并购方的提名者加入董事会，有时，也会有一些人员辞职离开董事会。

9. 正式手续

改组完成后，应在规定的时间内到政府有关部门注册登记，若是新设立了一个公司则应设立登记注册，若是存续公司则应进行变更登记注册，被解散的公司则应解散登记。在德国等西欧国家，收购事项在上报商业注册处之后必须予以公布。登记完毕后，新设立的公司或者是存续公司将拥有被解散公司的所有资产和债务，同时新公司通知原有的客户、供应商等其他关联企业，如有需要可重新签订新的契约。正常情况下，完成日期过后，被并购企业对其他企业的欠款将由并购方还清。同样，如果被并购企业的借款有被并购企业的保证书或安慰信，那么出售协议会要求收购方和被并购企业集团中的其他公司提供保证书或其他担保，以解除目标公司的这些义务。

10. 重整

最后，并购方将管理思路和经营理念传达给所有被并购方公司的全体高级管理人员，明确界定职权，填写好新的银行委托书，通常收购方的会计人员还要解释新公司的财务报表要求，吸收、借鉴被并购企业的长处，防范并购后可能出现的风险。

第六节 上市公司境外并购的法律问题

在我国国内，上市公司实行企业并购实际上就是在引进外资，不同的国家经济发展水平、层次不同，国家法律制度也各有特点，不同东道国对外资引进的态度各不相同，因此会存在一系列的法律风险问题。并购过程的每个环节都有可能存在法律风险，风险的种类也很多，根据流程，将法律风险可能存在的环节按照时间顺序排列为调查阶段、并购阶段、整合阶段。接下来后文主要阐述各个阶段中，可能存在的一个或多个较为突出的法律风险，意在提醒我国上市公司境外并购时需要注意的法律问题，一旦忽视了这些问题，企业将损失严重。

1. 并购前调查阶段的法律风险

（1）投资政策、决策法律风险。东道国的宏观经济状况和对待外商投资的政策，决定企业是否去该国投资并购，通常情况下，企业更愿意在一个相对稳定的地区投资，这就需要法律政策方面给予稳定的支持。例如埃及政府为了发展经济，吸引更多的外资入境投资设厂，特别规划许多开发区，并配套了一些优惠措施、制定法律法规，稳定吸引外资的政策环境，降低投资者的风险，虽然政策也会根据实施情况进行调整，但鼓励外资参与投资的政策导向没有改变。

除了投资政策风险之外，在并购前期还存在决策法律风险问题，法律意识薄弱、没有提前收集信息分析可行性是产生风险的主要原因。如果没有事前调查，并购方领导可能会做出错误的决策，从而产生本可避免的法律风险。如我国TCL集团实行的两次境外并购，目标企业都是亏损企业。虽然有些企业整合后成功地实现了盈利，但大部分企业因为最初的并购动因、目的不明确，结果反而成为TCL集团扩张的阻碍。与之相反，很多发达国家的企业却能够并购一些境外发展很好的企业，强强联合往往更有利于实现并购方的战略目标。

（2）反垄断法律风险。东道国为维护、控制本国企业的核心资产和技术，避免被其他国家企业掌握，因而推动反垄断法，它是政府有力的措施。近年来，很多的并购活动都是因为涉及垄断问题而不得不停止，它是所有并购方所要面临的最大障碍。反垄断法综合了实体法和程序法，适用范围广泛，包括横向并购和纵向并购，东道国能够操作的空间很大，不同国家监管的侧重点也不相同。

具体来说，反垄断法律风险能够有效地阻碍、干扰并购事项，是各国规制手段中的利器，一旦启动反垄断调查程序，并购企业将可能面临漫长的调查过程，企业接受调查期间需要投入大量的资金、人力和时间成本，证明自己的行为不会构成垄断。调查也分阶段，即初步调查和最终调查，不管在哪一个阶段，并购方只要有一次被认定构成垄断行为，那么该并购事项将被禁止，并购方前期不管做了多大的努力，花费了多少成本，都将被视为无效。事实上，即使没有证据能证明并购行为构成垄断，反垄断调查部门如果不同意此项并购，仍然可以以需要进一步调查为由，继续拉长调查期限。有的国家设1~3个月为期限，有的国家为3~6个月，有的东道国甚至不设期限。时间成本不断加大，企业负担越来越重，大部分企业根本无力面对反垄断调查,不得不选择自动放弃。此外,有些反垄断法规定的是事后审查,在这种情况下,一旦审查结果为禁止,造成的损失将更加巨大。

(3)法律权益被政治化风险。当然还有任何法律都不能避免的问题,即法律权益被政治化风险。一旦东道国出现了大的政治动荡,例如战争、恐怖活动等暴力事件或工人罢工、企业国有化等其他情况,并购方本来拥有的合法权益将荡然无存,其结果可能就是血本无归。这种风险在当今社会出现的概率比较低,但仍然需要重视,因为一旦发生并购方可能会面临较大的危机。

2. 并购阶段的法律风险

同样法律风险也会出现在并购阶段,不过,各种法律风险在不同阶段产生的后果也有所不同。如上文提到的反垄断法,如果出现在并购阶段而不是前期,造成的风险会更加突出,基于并购前期的法律风险,下文将阐述并购时的法律风险的危害。

(1)法律变化风险。并购阶段东道国对于跨国并购的法律法规不只有反垄断,在并购的审核过程中,还需依照公司法、证券法等其他法律法规。这些法律对外资并购都有一定的门槛要求和行为规定,这些都可能成为企业境外并购的法律障碍。当今社会瞬息万变,东道国会根据本国的监管需求,调整改变法律条款,援引或者修订补充条款,这些调整更改的条款,很可能导致境外并购的行为得不到支持,甚至被直接禁止,并购方因此承担着较大的风险。

(2)合同管理的风险。随着我国经济不断发展,许多中国企业资金规模雄厚,国家也倡导有能力的企业走出国门。在全世界范围内竞争,企业与企业之间有合作也有冲突,它们之间是一个博弈关系,境外并购同样如此,如能合作共赢自然是皆大欢喜,但是,并购阶段会产生诸多协议,而协议产生的过程可能也存在法律风险,由于东道国的风俗习惯、法律规定有所差别,因此去境外并购,不能轻易相信所谓的"常识"。比如常识告诉我们签订协议,应有个正式的书面文件,仅口头答应并不能算数,但是在国外是否如此，还真不一定。

最为典型的国家是英国，英国的法律是案例法而不是完全按照已制定好的完整法律法规来判决的。与中国的成文法不同，英国依据之前的相关案例总结归纳后形成英国调整合同法，此外还有一些兜底条款加强了实践的可操作性，英国的相关法律中，不只是形成正式的书面协议才能够产生约束力，口头交流也可能同样产生具有约束性的协议，因此中国企业一旦在日常的交流中不够谨慎，按照国内的"常识"去思考，很有可能不知不觉中使对方误以为自己承诺、同意了什么条款，而产生不必要的损失。除此之外，还有许多类似的法律风险，如担保、补偿、生效和截止时间等。

另外，如前文所述，签订协议后还需交由审批部门审批，在审批过程中，时间及控制权都存在一段空白期。这一期间，我国企业的主要工作是准备各项审批答复工作，但被并购企业可能因为东道国的法律规定，需要继续正常运营，运营过程中很可能就会产生大额抵押、质押、支出、重大权益变更等行为，这些本应该得到并购方的批准，但如果在并购方不知道的情况下发生了这些事件，我国企业将承受很大的法律风险。因此，我国企业应注意在事前就可依据事情变更原则，加入预防性条款。

3. 并购整合阶段的法律风险

并购后期，也就是双方企业的整合阶段，为了保证整合工作的顺利进行，并购后的法律风险也需要时刻警惕。然后是知识产权风险，我国企业曾在这上面吃过亏，花费大量的时间、人力、物力，结果只是买到了境外企业的外在资产，目标公司的核心技术、知识产权都没有在合同、协议中体现出来，由于信息不对称，也无法知道对方具体隐瞒了什么技术专利；最后在环保税收方面，由于我国的环保法律法规没有一些东道国的完善，因此关于环保的纠纷常常没有得到重视，这也是个需要重视的法律风险。

第五章 房地产行业并购重组综述

企业并购包括兼并和收购两层含义、两种形式。通常，在国际上兼并和收购是并行的，称为M&A，在国内则称为并购。兼并的另一层含义是吸收合并，通常指两家或两家以上的独立企业、公司合并为一家公司，由其中更具优势的企业吸收一家或其他公司；而收购则是一家公司通过购买另一家公司的股票或者资产以支付现金或有价证券的方式，得到对某企业的全部资产、控制权或部分专项资产的所有权。

对于房地产企业来说，高成长性不能只靠企业内部管理型战略，要知道企业自身并不是孤立的，而是成长于一定的环境中，需要和别的企业相互联系，这决定了企业的外部交易型战略。交易型战略的重点就是对资本的运营，具体表现为组建合营企业、战略联盟、长期融资、进行兼并与收购等，通过这些实现公司长远发展。现如今，实力雄厚的大集团都是在多次的交易型战略后才取得显著的竞争优势。成为WTO的一分子，在某些程度上也冲击着我国的房地产市场，如果企业仍然安心于小规模发展，结果一定是失去我国的大市场，这绝对不是我国实行市场经济的初衷。

近年来，全球范围内涉及汽车、零售、网络、通信、航空等行业的并购有很多，这些案例中有些并购是为了增强竞争，有的是出于优势互补，有些是为了进入新市场，有些则是为了经营的多元化发展。不管是出于什么目的，这些大企业大规模的并购都给了我们启示：新形势下，重组并购能在短时间内形成自己的品牌优势，提高抵抗风险的能力，将是今后房地产市场发展的一个主要方向。

第一节　房地产并购重组的意义

普通企业选择并购可能是为了人力资源的整合、发挥品牌效应、抢占市场、获取目标企业的资源、提升竞争力等。但是对于房地产企业而言，并购的主要目的是取得不动产资源。由于土地的性质，国家十分重视土地资源的合理利用，特别是近年来，我国土地利用、供给和建设的法律法规逐步完善。土地供应的相关行政审批政策收紧，不能通过协议、招标、挂牌、拍卖等方式引入经营性土地使用权，使土地供应市场的竞争日趋激烈，导致土地资源的稀缺。对于房地产企业来说，拥有房地产资源是行业准入的唯一且真正的门槛；对于并购方而言，无论是直接收购合并后的公司的房地产，还是通过证券交易所对被并购公司进行控制，其主要目的通常只是获取被并购公司所拥有的不动产。只要能获得房地产资源，就不需要将合并企业的品牌、人力资源和企业文化作为并购的主要决定因素，并购方往往将自己的品牌、人力资源和商业模式复制给被并购企业。

一、房地产公司并购重组对市场经济的发展意义

1. 稳定国民经济发展，调整产业结构

房地产业为拉动国内经济增长做出了巨大贡献，关联度大，涉及面广，与国民经济中大部分的产业有联系，对建材、装饰、金融保险、耐用品消费等相关产业的发展的带动性也很大。

因为房地产业在国民经济中的特殊地位，它的健康发展也影响着国民经济的发展。通过并购形成大型房地产公司，应努力实现规模经营，提升企业核心竞争力，增强抗风险能力，从而避免因房地产市场动荡对自身的不良冲击以弱化对国民经济造成重大冲击。如此一来，既能保证企业自身的发展，也能保持国民经济的稳定和可持续发展。房地产公司的并购重组通常关系着管理技术、财务制度以及利润追逐。新技术大幅提高房地产业的效益，使利润比未并购的时候更高，传统企业融合新技术提高竞争力，运用新技术的公司趁机并购重组那些衰退行业的公司，生产要素经过兼并等方式迅速向优势企业转移，利用沉淀资产，有利于实现集约经营和规模经济以及产业结构，整个国民经济的资源得以优化配置，产业结构得以合理调整。

2. 利用资源，促进流动

房地产公司并购重组对社会经济的重要影响还在于，对资源的有效利用和整合，使整个行业的竞争力得到提升。市场经济是自由竞争、优胜劣汰的经济，企业合并将各种资源从低效益部门或企业流向较高效益的部门或企业，这样有助于资源利用率的提高。房地产企业通过资产并购重组，在盘活闲置资产，优化资本结构，扩大生产能力的同时，降低了负债率，使娴熟技术人员和丰富生产管理经验充分配合，从而产生规模经济效应。开发利用闲置土地，使资源快速流动，让我国的房产业能够提供高品质、优服务和低价格的房地产供给。

3. 带动发展，活跃市场

在房地产企业兼并重组的趋势下，中小房地产企业的竞争力较低。因此，一些有实力、效益好的大型房地产企业通过有选择的收购兼并与本公司有关的中小企业，发挥功能协同性效应；向它们提供资金、管理、机制和产品市场，能够有效地带动中小企业的发展，使其走出困境。

为了再度挖掘和发现房地产公司的价值，很有必要考虑并购重组这个手段。在资本市场上，通过并购重组的方式来评估公司的价值，其实就是上市公司价值再创造的过程，并购重组的发生能提高资本市场运行效率。同时，房地产企业并购重组是对资源进行的再度整合，提升了房地产上市公司的整体品质，有利于资本市场良性发展。再者，并购重组实质上也有活跃资本市场的交易气氛，具有促进资本市场繁荣发展的作用。

二、房地产企业并购对行业本身的影响

并购重组提升了产业集中度，对房地产业资源配置效率的提高效果是很明显的，技术的进步、组织结构的形成，这些方面都有效提升了房地产业的市场绩效。

1. 增强了行业知识与技能

获取、创新、扩散、运用和维护知识与技术能力是房地产企业竞争力的决定要素。蕴藏于组织体系内的大部分的知识与技能是难以识别、难以模仿的，并且培养和积累也是一个需要很多投入的漫长过程，多变的市场也会带来各式各样的风险。但企业可以利用重组，将拥有这种知识资本的公司收入麾下，并通过转移、学习、共享、扩散等途径形成新的知识与技术能力，以此增强竞争资本。相对于通过内部积累培育，这种知识资本更可以节约时间和成本，有效增强自身的竞争力，规避市场多变带来的风险。

2. 提高了行业资源配置效率

流动的产业资本是房地产企业并购重组的结果，它可以有效地调整各企业的资源结构，使社会生产要素最优化，使产业结构合理化。我国房地产业具有不合理的产业组织结构，房地产公司并购对调整我国房地产业失衡的产业组织结构具有十分重要的意义。

并购重组可以调整资产存量、优化产业结构。重组之后，存量资产流动性增强、产业结构更合理、企业规模变大，通过实现跨产业、跨地区、跨所有制类型的资产重组，产业结构更合理化。改变产业结构的途径有两种：存量转移和增量配置。存量是一定时点上，原有规模的数量，增量则是大于原

有规模的新增数量。作为产业结构调整模型，并购在打破现有产业结构刚性特征、促进存量资产在现有房地产业结构的再分配中发挥着重要作用。

资源优化配置的实现也得益于并购重组。并购过程是提高资产效率和资产存量的再货币化的过程，它可以提高资源利用效率，减少企业损失，从微观层面抑制通货膨胀，实现社会整体资源的优化配置。一般来说，被并购企业往往是内部管理不善、缺乏效率和竞争力的弱势企业，优势企业对劣势企业的吸收，使资产重组，还提高了资源的利用率、配置效率。此外，在市场机制的引导下，新资产将高效率地投入生产领域，从而提高整个社会的经济效益。并购不仅体现在优胜劣汰中，而且通过互补优势发挥更大的协调作用，从而使资源得到更有效的分配。

3. 促进了产业技术进步

在技术转让的过程中，房地产企业在并购后一定会追加投资，并进行管理和技术改造，以提高其竞争力。在短时间内，合并后企业的技术水平将显著提高，同时市场力量的增强将促进房地产企业加强技术研发，从而促进行业技术的进步。技术进步的主要原因有：第一，房地产企业的产权结构和企业治理结构将发生变化。并购的本质是不同所有者之间的各种权力流动，并购必然导致所有者的结构和数量发生变化。第二，并购会影响和改变房地产公司的治理结构，使管理者和技术人员感受到市场竞争的压力，迫使他们创新技能以减少成本，确保公司不会被其他房地产企业在竞争中淘汰或并购。

不可忽视的是，并购会助长垄断，影响市场结构。房地产业的并购重组助长了产业内垄断，竞争型的市场结构形成，使竞争和垄断两种力量同时推动技术创新。垄断导致的创新是为了获得超额垄断利润，竞争基础上的技术创新是房地产业为了不丧失超额利润或为了"不可替代"而进行的技术创新。

三、对房地产企业自身的意义

1. 扩张资本

房地产企业通过并购扩大自身规模,使企业更能控制其成本、价格、资金的筹措和客户的购买行为,使自己产品的生产和销售成本减小,快速增大市场份额,改善同政府的关系,以此提升自己的竞争力;同时,扩大企业规模也就意味着企业开发和建设新产品、开发和应用新技术以及抵抗市场突变的能力提升。

通过实施并购战略,并购重组可以帮助公司降低进入新市场的成本。目前,企业的发展不仅局限于省内,还涉及全国其他投资热点乃至海外投资热点,这在我国加入WTO后更为显著。当企业进入新的市场时,必定会碰到很多阻碍,如进入新市场的研究成本,同类公司的排斥和竞争,以及建立新的营销渠道等。完全投资新建会增大这些阻碍对公司的影响,同时因为新增生产力对产业或市场供求的影响,将可能会使行业或市场内部生出多余的生产力导致价格战。并购重组的房地产企业再进入市场则会使上述阻碍降低,对迅速占领市场份额有很大的益处。如国内第一起通过股市的收购案例:深圳宝安集团公司(主营房地产、工业区开发、金融贸易等)试图在上海市场站稳脚跟,但是直接进入上海市场成本太高,所以1993年9月,该集团收购上海延中实业(即现在的方正科技,主营电脑、办公用品、机械等)股份有限公司股票。在不到一个月的时间内,宝安公司就拥有延中实业15.98%的股份,最终成为其第一大股东进入上海市场,打响了公司的知名度,为顺利开展业务打下了基础。

2. 优化企业资本结构

如上所述,企业达到资本扩张的有效途径之一就是并购重组,以达到扩大资产规模、开发建设新产品、进入市场等目的。可我们也要看到,并购并不是企业资产的简单相加,更不是盲目扩张资本,在并购的过程中几乎全部会涉及重组资产和调整结构。一家公司并购另一家公司不是单纯地花钱购物，而是拥有了对该公司资产及其他生产要素的控制权，并通过这种控制权将被收购企业的资源与自身的资源形成互补或协同效应，产生"1+1>2"的效果。同样地，为保持且优化企业资产的整体运营效益，优化资本结构，企业还可以通过出售、拍卖、股权转让等方式重组资产，消除自身管理不善的资产，避免资源浪费或低效消耗。从这个层面来说，并购不仅是企业扩大资本的手段，也是企业重组资产和资本的有效途径。但资产重组不是独立的，它还必须有财务重组、人员重组、组织结构和管理重组、生产重组等相结合才能最终成功。

目前，很多有实力的房地产企业已经不再受限于本地区的发展，它们也在开发不同的市场。虽然这些从事外资开发企业不可避免地会遇到与本土文化和不同商业模式的竞争问题，但要解决这一问题，企业并购显然是一种理想的方法，房地产业也有必要重新整合。

第二节　房地产并购重组的分类及基本概念

1. 按并购双方产业特征划分

（1）平行并购。平行并购也就是横向并购，是指企业在同一行业之间进行并购，生产或销售同一产品。横向并购的优点是可以扩大同类产品的生产规模，降低生产成本，实现规模效益，有利于消除竞争、扩大市场份额、增强垄断力量。横向并购的结果是使资本集中在同一生产领域、销售领域或部门。优势公司兼并劣势公司，组建大型企业集团，扩大生产规模，以实现新技术条件下的最佳经济规模。

（2）垂直并购。垂直并购也叫纵向并购，指的是企业与生产过程或业务环节之间的并购，或是纵向协调的专业企业之间的并购。纵向并购分为前向兼并和后向兼并，前向兼并是指将原材料生产和购进企业流通领域的企业扩大，并购指的是通过 AS 的兼并或收购扩大部分或原材料生产的业务。纵向并购可以加快生产过程，扩大生产经营规模，节约运输、设备、仓储、资源和成本，可以加快生产过程和各环节的合作，有利于合作生产。

（3）混合并购。混合并购是指没有相关市场或生产过程的公司之间的合并。不同的行为动机决定了三种类型：产品扩张型，即企业之间的相关业务活动的兼并和收购，也叫"同心圆合并"；区域市场拓展并购，即两个企业在非重叠地理区域之间的并购；纯混合型，即企业之间的兼并和收购不涉及生产经营的并购。

2. 按并购支付方式划分

按并购支付方式可分为五种类型：现金支付型、股权支付型、零成本收购型、划拨型以及债权支付型。现金支付是以现金形式，购买全部或部分的被并购方的资产或股份；股权支付的形式是以并购公司的股票或股权，代替部分或全部的资产或股份；零成本收购也叫债权债务承担，是指资产与债务等价的情况下，并购方以承担被并购方债务为条件接受其资产；划拨型是政府将国有企业的部分或全部资产以自由形式转让给另一家国有企业，因为它没有市场交易的基本特征：有偿自愿，因而经济学界称之为"准并购"；债权支付是并购方取得被并购方的债权作为并购交易的价款，本质是以资产抵债务。

3. 按并购动机划分

企业收购根据收购人的收购动机可分为善意并购和恶意并购：

（1）善意并购是在目标公司的经营者意愿明确，双方共同协商购买条件、价格、支付渠道和收购后公司的地位及被收购公司职员的安排等情况下进行的，而且必须签订协议。善意收购必须是双方自愿、合作、公开的，基本上都是成功的。

（2）恶意并购指并购方不顾目标公司的意愿，未经目标公司董事会同意所进行的并购。在并购过程中双方采取各种攻防战略，激烈对抗是其基本特征。然而，如果目标公司的股票流通量小，不易在市场上吸纳，并购将更加困难。在中国资本市场上恶意并购的案例有：20 世纪 90 年代宝安、延中之间的控股大战，大飞乐、小飞乐的并购案等。

4. 按并购形式划分

（1）协议收购。收购方绕过证券交易所直接与目标公司的股东沟通，反复协商后双方达成一致，根据制定协议规定条件、价格、收购期限以及其他约定等事项来收购上市企业股。

（2）要约收购。收购人通过证券交易所的证券交易持有上市公司 30% 的股份，依法向企业股东发出公开收购要约，并以货币或其他形式收购目标企业的股票。依照规定的价格支付，以获得上市企业股权的取得形式。

第三节 房地产并购重组时政府对其实施的审查条件

近期，我国政府对房地产政策有所调整，房地产开发企业获得可供开发的土地越来越难。因此，房地产开发企业热衷于房地产项目的转让。但转让房地产项目仍是一种广义的土地使用权转让。这并不是一个严格的法律概念，房地产开发项目本身并不是直接作为一种可交易性的财产内容或直接表现，只有房地产开发项目主体才有以土地使用权为核心的多重权利。

一、并购重组监管体系

1. 法律体系

并购重组有关的政府规章或规范性文件有：《外国投资者对上市公司战略投资管理办法》《关于外国投资者并购境内企业的规定》《关于规范上市公司

重大资产重组若干问题的规定》《关于企业重组业务企业所得税处理若干问题的通知》《关于加强与上市公司重大资产重组相关股票异常交易监管的暂行规定》《国有单位受让上市公司股份管理暂行规定》《国有股东转让所持上市公司股份管理暂行办法》《关于规范国有股东与上市公司进行资产重组有关事项的通知》。

2. 监管思路：政务公开、简化审批、落实责任、联动监管

（1）2011年8月1日《关于修改上市公司重大资产重组与配套融资相关规定的决定》。使发行股份购买资产和以定向发行股份方式召集配套资金同步操作规范化。

（2）《关于修改上市公司重大资产重组与配套融资相关规定的决定》。向控股股东、实际控股人或其指定对象发放股份购买资产，提速行业和产业整合，加强与已有主营业务的协同效应。

（3）《关于修改上市公司重大资产重组与配套融资相关规定的决定》。明确要求清晰的产权、标准的规范、独立的业务、良好的信用以及持续经营记录等审核方面，借壳重组标准与IPO趋同，财务标准上略低。《〈关于修改上市公司重大资产重组与配套融资相关规定的决定〉的问题与解答》，证监会审核"借壳重组"将参照《首次公开发行股票并上市管理办法》的相关规定。

二、房地产开发项目的转让应具备的条件

转让房地产开发项目就是，原业主转移拥有的所有与项目有关的权利，其中核心是土地使用权，土地使用权的转让也会导致其他相关权利的转移。因此，房地产开发项目转让的实质是土地使用权的转让。土地使用权的转让应具备以下条件：①原项目持有者必备房地产开发经营资格（但受让方受让项目后，做自用的情形除外）。②原项目持有者已取得项目的建设用地批准证书或房地产权证。③原项目持有者持有建设工程规划许可证和建设工程施工许可证。④原项目土地使用权为出让取得的，该项目需达到开发投资额的

25%以上。⑤达到其他有关政府部门要求具备的条件。

另外，采用股权转让方式取得转让项目的，原项目方应当向工商部门办理如下变更事项：①原项目持有者应申请变更登记。②原项目持有者应变更法定代表人。③原项目持有者应变更注册资本。④原项目持有者应变更股东及持股比例。⑤原项目持有者应修改公司章程。⑥原项目持有者的董事、监事、经理有变化的应向原公司登记机关备案。⑦根据有关政府部门要求需要办理更名或备案的手续。

除此之外，房地产开发项目转让还需要办理的其他手续包括：转让项目土地使用权为划拨取得的，应办理土地使用权出让手续；转让项目土地使用权的变更登记手续；房地产开发项目转让的备案手续，具体向房地产开发主管部门办理；建设工程规划许可证及建设工程施工许可证的更名手续，具体向规划管理部门和建设管理部门办理；其他根据有关政府部门要求需要办理更名或备案的手续。

三、制作房地产项目转让合同应注意的问题

（1）房地产开发项目必须制定书面协议。内容由所有转让、受让的当事人协商。

（2）转让项目中包含的各种政府批文均要详细在合同中表明。包括立项和规划批文等。

（3）开发的每个阶段都必须持有政府有关允许转让的条件。

（4）原项目持有者以公司股权转让方式转让全部或部分房地产项目，要按公司法有关规定办理工商变更登记手续，同时办理房地产转让的变更登记手续。

（5）原项目持有者的债权债务要明确，潜在债务的澄清要约定公告程序。

（6）成立项目公司以合作各方的投资权益内部转让全部或部分房地产项目，要根据项目土地使用的不同阶段需求申办变更立项和土地使用的批准手续；转让给合作各方以外当事人的，须获得原合作各方及受让方的一致同意。

（7）转让的项目如尚未办理土地出让手续或虽已办理了出让手续，但转让时未付清出让金的，应约定办理出让手续的具体责任人及有关费用。包括尚未付清的费用的承担方式。

（8）项目转让时，必须约定补办政府主管部门认可手续。防止项目未按出让合同约定的期限和条件进行开发。

（9）项目转让的合同中，按出让合同的土地使用年限已开始使用的，要扣除土地使用年限。

（10）房地产项目转让前已实行预售的。应约定转让双方共同通知预购业主，并明确因此引起相应责任的处理方法。

（11）须经政府有关主管部门批准的事项：房地产开发的立项、规划选址、规划用地、建筑设计、施工许可以及项目转让的土地使用人（股东或权益人）或者项目功能、用途等变更手续，均需获得政府有关主管部门的许可或批准，并持有批准文件或证照。

（12）转让项目公司股权需协议约定事项：项目公司概况、股权转让比例、价格、支付方式，现有资产的认证，必须有原项目股东会决议并需办理工商变更登记手续等。

综上，房地产开发项目转让的实质，就是土地使用权的转让，房地产开发企业要依据本公司的实际情况和要求，根据拟受让之房地产项目的实况及该项目原主体的实际情况综合分析判断，才能制订完备的收购方案避免发生纠纷。

第四节　房地产并购重组的公司内部审查条件

"招、拍、挂"是房地产公司取得土地的基本方式。近几年，房地产并购项目越来越多，并购方遇到的陷阱也更多。所以，要认识到并购活动开始前进行尽职调查的重要性和必要性。

尽职调查也叫谨慎性调查，其在《布莱克法律词典》中的定义是"通常一个人在其调查过程中寻找合适的法律要求或解除义务时应保持的合理谨慎"。并购尽职调查是在并购活动中，对一方并购中涉及的所有事项进行调查、分析的一系列活动。尽职调查可以是双方的相互调查，通常是由并购公司对收购方（目标企业）进行的调查。完整的房地产项目收购和尽职调查包括财务尽职调查、法律尽职调查、市场尽职调查等。

一、房地产并购重组中尽职调查

1. 尽职调查的意义

尽职调查有利于评估和规避并购风险。对于并购方来说，信息不对称是最大的风险，由于信息不对称，收购方可能面对被并购方的道德风险、财务风险、操作风险和法律风险。在尽职调查中，减少信息不对称，可以合理评估和有效规避上述风险。

为确定并购价格、为并购方案提供依据，在并购谈判过程中，双方都集中于确定并购价格，尽职调查有助于估算目标企业的预期价值和确定并购价格。如果目标企业在尽职调查中被发现存在或有负债和不良资产，在评估后，并购方可以此为价格谈判的基础，并且可以将限制性条款添加到并购中，以达成协议。

尽职调查还有利于并购后的整合。并购过程是系统且繁杂的，收购的完成只是收购过程中的第一步，并购后的整合是成功的关键。通过尽职调查，可以了解双方在战略、管理理念、业务思维和企业文化等方面的差异，制订整合方案，尽快促进双方的整合，保留核心实力即人才。

2. 房地产项目并购尽职调查流程

作为规范、完备的尽职调查在房地产并购项目中应遵循以下工作流程：

（1）建立尽职调查团队。并购方成立的一个尽职调查小组，既可以聘用内部财务、法律、市场、工程、成本、人力资源和其他专业人员，也可以委托外部会计师、律师、税务人员、评估师和其他公司。

（2）签订并购意向书和保密协议。在开展尽职调查前，必须签订并购意向书和保密协议。意向书主要涉及后续并购活动的基本条件、原则、基本内容、安排、排他性安排和保密条款（或单独保密协议）。双方可以同意意向书不具有法律约束力，但它通常对排除条款和保密条款具有约束力。在保密协议中，双方必须承诺提供相关信息以促进交易，规定保密信息的界限和种类、保密责任的具体条件和免责条款及责任、泄露机密或不正当使用机密信息的违约责任等。

（3）设计尽职调查清单和问卷。在尽职调查之前，并购方应首先确定尽职调查的目的，设计尽职调查表和问卷要依据并购目标和交易内容，提供相关书面信息。被收购方在收到信息后，将与原件核对并由双方签字确认。同时，目标企业及其管理人员必须发出说明书，以确认所提供的文件和数据的真实性，并且确保没有遗漏。

（4）对被并购方进行内外部调查。调查可通过目标公司及其发展项目的现场考察，对目标公司的书面信息、管理人员和雇员以及企业、税务、土地、规划、财产、劳动和司法部门的核查来完成。开放目标公司、贷款银行、债权人、债务人、供方、客户等各类数据库，获取目标公司及其发展项目的基本情况和合法性，调查其信用状况以及目标公司的主要债务和债务状况。

（5）形成尽职调查报告。调查组完成相关信息和资料的调查分析后，要整理全面详细的尽职调查报告，并上报公司管理层。调查报告要明确指出调查中发现的问题、问题的性质、存在的风险以及给出应对措施，重中之重是要对可能影响收购活动的问题给出风险警示和初步提议。

3. 有效的尽职调查方法

在多次的实践中，我们总结的行之有效的尽职调查方法有七种，不过，鉴于每个项目的特殊性，这七种方法并非适用于每一个项目，在不同的项目中可能有所侧重。

（1）阅卷并审核转让方提供资料。在进行现场尽职调查前，应根据并购项目（考虑并购项目特点、并购方的收购目的及关注的重点问题）制定法律尽职调查清单，尽可能多地让转让方提供资料。根据需要，可根据已有的资料另行要求转让方补充提供资料。为保证资料的真实性，务必要求转让方提供原件进行核查。

（2）查阅账册。查阅账册属于律师和财务人员在尽职调查中的重合部分工作。因此，律师和财务人员在尽职调查过程中需要进行必要的沟通和交流，分别从法律和财务角度识别风险。但尽管如此，双方的工作并不重复，对于账册所涉问题的关注点不尽相同。对于法律尽职调查，应该重点关注注资到位情况、应付款项情况、重大交易合同、重大担保文件、大额支付、往来钱款不明的科目等。

（3）访问并求解相关政府部门。对于在调查过程中发现涉及相关政府部门的问题，应走访相关部门进行窗口咨询并力求得到书面的答复，以确定并购标的在并购前是否存在相应的法律风险及相关风险能否规避或解决，一般房地产并购涉及的政府相关部门包括工商行政部门、规划国土部门、城市更新管理部门、税务部门等。在现代科技条件下，政府部门工作人员对有些重要问题进行现场回答时，在征得对方同意的前提下，可以辅以照片、视频、录音等予以记录。

（4）走访并函证主要债权人。走访并函证主要债权人无疑是核实并确定债权的一种重要途径，在尽职调查阶段，可以根据并购项目实际情况，来确定是否需要对于主要债权人进行走访调查及询证，对哪些债权人进行走访等。但实践中，转让方可能基于不惊动债权人的考虑，并且自愿承担转让前的债权清偿责任的，也可视情况，不对主要债权人进行函证。

（5）现场考察。现场考察是尽职调查的必经程序。在房地产并购中，除对项目所涉及的公司进行必要的现场考察外，对于房地产项目的现场考察尤为重要，包括现场考察房地产利用现状、土地平整情况、拆迁情况、建设情况、周边环境、障碍物、地上建筑物、在建物及市政配套情况等。

（6）网络查询。现有的网络信息资源发达，可充分利用网络资源信息，包括中国裁判文书网、被执行人信息网、国家企业信用信息公示系统、启信宝、企查查、上市公司官网或巨潮网以及当地法院系统网站等，了解并购目标公司的存续、法律事件、社会评价等以及与并购房地产项目相关的问题。

（7）法院查询及仲裁机构问询。尽职调查过程中，一般应前往并购目标公司或项目所在地的主要管辖法院进行涉诉事宜查询，核查目标公司或房地产项目是否涉及诉讼，若涉及诉讼的，是否影响交易进行及交易目的的实现。虽然法院核查并不能找到目标公司或房地产项目涉及的所有纠纷，但是从一定程度上也能反映目标公司或房地产项目涉及的纠纷情况。与此同时，由于仲裁的保密性，越来越多大额纠纷选择仲裁方式解决，基于此，主并企业可尝试前往目标公司或项目所在地的仲裁机构问询所涉仲裁情况。但正因为仲裁的保密性，主并企业可能会面临仲裁机构不予提供仲裁信息的情况，即便如此，对重大并购项目，进行仲裁查询并计入工作底稿也是必要且有意义的[①]。

4. 股权和物权

值得重点关注的是由于直接以房地产项目作为交易标的，普遍将涉及巨额的税费问题，而且土地转让需履行法定的"招、拍、挂"程序，这导致取得房地产项目具有不确定性。实践中，通过收购股权的方式间接取得房地产项目成为房地产并购的主流。股权并购与房地产资产并购不同，房地产资产并购重点关注的是房地产项目本身的风险，而股权并购则不仅需要关注股权本身，还需要关注目标公司的债权及物权（主要涉及房地产项目本身）。

---

① www.sohu.com/a/246296122_T30T13.

（1）股权。

1）质押的股权。由于股权设定了质押担保，如果无法取得担保权人同意解除质押，则股权转让存在根本的障碍。但鉴于股权质押需要办理登记备案，一般情况下，股权存在质押的，通过查询公司工商内档信息或国家企业信用信息公示系统均可获知。

2）涉诉的股权。涉诉的股权包括已经涉及诉讼的股权（已被法院查封或未被法院查封的股权），也包括可能涉及诉讼的股权。对于已经涉及诉讼的股权，无论股权是否被查封，势必需先行解决该诉讼纠纷，否则股权转让将可能存在履行不能的根本障碍。对于可能涉及诉讼的股权，由于该风险未能爆发，但在尽职调查阶段可通过查阅转让方提供的资料，包括公司设立资料、公司章程、原有的股权转让协议以及其他可能导致股权纠纷的文件资料，结合上述资料文件的履行情况，对于存在股权纠纷的可能性进行识别及判断。

3）代持的股权。股权代持的现象实践中经常发生，除转让方自行披露外，也可通过与目标公司员工的谈话、查阅公司经营管理的决策文件、本次交易的谈判接洽主体等判断是否存在股权代持情况。一般情况下，即便通过法律尽职调查未能获得代持的信息，在股权转让协议中应要求转让方提供股权不存在代持情况的承诺。对于存在代持的股权，本次股权转让应取得名义股东及实际股东双方的书面认可。

4）抵债的股权。抵债的股权一般包括如下三种情形：一是债权人通过债务人抵债方式直接取得股权并可自由支配；二是债权人虽然实际取得股权，但该股权将按照约定进行转让并以股权转让款偿还所有债权人债权的情形；三是抵债转让的股权实为担保，即债务人在约定的期限内偿还债务的，债权人应按照约定将股权转回给债务人。在尽职调查阶段，可通过核查转让方股权取得的法律文件、要求转让方提供股权转让款支付凭证等获悉股权是否存在抵债的情形。

5）名股实债的股权。所谓名股实债，即名义上是股权投资，实际上是发放贷款、享有债权。同样，此类股权一般可通过核查股权取得相关法律文件获悉。由于此类股权往往在股权持有期限、股权收益、股东权利的行使、股权回购等方面有特别约定，股东实际仅享有股权投资带来的稳定收益，并不享有其他股东权利。房地产项目并购的最终目的一般为取得房地产项目，并控制开发房地产项目。如果所收购的股权存在此类情形，需充分考虑本次收购的目的。如以控制开发房地产项目为目的，建议避开此种类型股权或妥善处理好此类股权后再行收购。

6）吊销而未注销公司的股权。通过核查公司工商内档信息或查询国家企业信用信息公示系统，可获悉公司的存续情况。企业法人从被吊销营业执照后至被注销登记前，该企业法人仍应视为存续，可以自己的名义进行诉讼活动。但是现行法律给予被吊销企业唯一可行的路径就是注销，而不是恢复正常经营。因此对于此类公司，即便其名下存在房地产项目，也不建议采取股权并购的方式获取。

7）涉及合作建房项目的股权。经核查目标公司房地产项目所涉的合同资料，可以发现该股权所涉的房地产项目是否存在合作建房事宜。若收购股权所涉的房地产项目涉及合作建房，在尽职调查阶段需要对该合作建房项目及相关的合同进行分析，对合同的效力问题及后续合同履行事宜提出法律意见，从而对股权收购能否实现收购房地产项目的目的作出判断。

8）一股多卖的股权。在尽职调查阶段，可通过与目标公司相关人员沟通、核查现有的文件资料判断是否存在潜在的竞争者，后续在签订正式股权转让协议时，可要求转让方提供承诺和保证，将股权变更工商登记与股权转让付款挂钩，以尽可能地规避"一股多卖"的风险。对于在尽职调查阶段已经确定存在"一股多卖"情形的股权，务必以处理完相应的股权转让协议或纠纷作为本次股权收购的前提。

9）物权与公司没有关联度的股权。房地产权属是尽职调查的重点，若该房地产并不属于目标公司所有或该目标公司对于该房地产没有任何法律权利,即便该房地产归属于目标公司的关联公司,收购该目标公司股权也并不能直接实现收购目的。因此,尽职调查阶段,应核查该房地产权属文件、目标公司享有该房地产相应权利的其他法律文件,以判断目标公司是否与该房地产项目有所关联,收购目标公司能否实现并购目的。

10）转让股权涉及国有股权和集体股权。并购股权涉及国有股权和集体股权的,由于法律规定必须履行特定的程序,如国有股权需要国有资产管理部门审批,需要进行审计和评估,通过指定的产权交易所挂牌交易等;集体股权需要村民代表大会、村民委员会（在深圳需要董事会、监事会、股东代表大会和集体资产管理委员会,即四会）等按规定表决通过。在尽职调查阶段,对于标的股权存在上述两种类型股权的,需重点关注目标公司历史中是否存在转让情形,是否履行特定的转让程序。对于本次股权收购涉及此类股权的,也应依法履行特定程序。

11）注资不到位的股权。在尽职调查阶段,可通过核查验资报告、审计报告和汇款转账凭证等,核查转让股东是否已经履行了相应的出资义务。注资不到位的一般不会构成股权并购的根本障碍,但是受让股东仍有义务补足出资,因此在股权转让价款中,需充分考量该因素。同时,还存在因违反公司章程约定的出资期限,而需对其他股东承担违约责任的风险。基于此,可要求其他股东出具相应的不予追究逾期缴纳出资的声明。

12）涉及改制的股权。涉及改制的股权不同于一般的股权转让,在涉及改制的股权中,需要特别注意该房地产项目是否纳入改制范围,履行了相应的评估及备案手续,属于改制后公司的资产,欠缺上述程序的,该房地产项目将不属于改制后公司资产。如深圳市对于国企改制资产处置就有明确规定,并且在司法实践中被严格执行,《关于深圳市国有企业改制中土地资产管理的若干意见》第四条规定:"国有企业改制涉及转移到改制后企业的所有土地资产,由上级产权单位与改制企业委托具有相应资质的土地资产评估机构进行评估。土地资产评估报告必须报市国土管理部门备案,由市国土管理部门出具备案意见";第五条规定:"土地资产处置方案批准文件和土地资产评估报告的备案意见,是改制企业向改制的审批机关申请办理审批或备案手续的必备文件"。

实践中,一些土地项目取得是附带政策性条件的,包括限定权利主体、土地用途及部分或全部限制出售等。

(2)物权。无论是直接并购房地产项目,抑或是通过收购股权方式间接取得房地产项目,房地产并购的最终目的均是房地产本身,在此我们将房地产项目本身统称为物权。尽职调查中,物权相关问题主要关注如下几个方面:

1)土地及在建项目存在抵押。土地及在建项目涉及抵押的,一般可通过前往项目所在地规划国土部门查询相应档案,或查看相关的产权登记证书相应登记。对于存在抵押的土地及在建工程的,如涉及直接并购房地产项目的,则必须以解除抵押为前提;涉及股权并购的,可以视情况确定是否保留抵押状态。但是需注意抵押行为一般均与大额债务有关。需识别该债务是否与项目房地产相关,一般情况下,与项目房地产不相关的债务应予以剥离,与项目房地产相关的债务在双方确认的前提下可以由并购后的目标公司继续承担。

2)土地及在建项目存在转让限制(如划拨用地、军产用地)。若土地及在建项目为划拨用地或军产用地的,由于此类土地对于使用主体、用途等有特殊限制,需核查土地取得的相关法律文件,并查阅现有法律法规规定,确认土地及在建项目是否可转让、土地用途及用途变更的是否可行等,充分考虑并购方的主体资格,收购房地产项目的最终用途。另外,需考虑上述存在转让限制的土地依法变更土地性质需承担的成本。

3)未能分宗的用地以分宗为前提的转让。对于必须以分宗为前提的土地转让项目,在尽职调查阶段,可以调查原土地出让合同对于分宗及土地分宗转让是否存在限制,已开发建设用地的分宗情况,并向规划国土部门咨询该宗地分宗的可行性,以综合判断该宗用地能否分宗。

4）农用地、宅基地等集体土地的转让。涉及农用地、宅基地等集体土地转让的，应该依法履行必要的法定征收程序，将集体土地变更为国有土地。在履行相应手续时，务必注意到，集体土地征收应依法获得村民委员会、村民会议或村民代表会议表决通过（深圳需要四会通过），否则将可能因程序问题引发纠纷甚至导致项目无法开展。因此，并购项目涉及农用地、宅基地等集体土地转让的，应重点关注已签署协议（包括土地一级开发协议、土地征地补偿协议等）的合法合规性、是否履行了必要的程序、被征地主体对征地行为的意愿和配合度、征地拆迁开展情况等。同时，虽然此类拆迁一般由政府主导，企业多为实际出资主体，但基于拆迁工作较为复杂且容易导致周期过长影响项目开展。因此，尽职调查过程中应前往土地实地考察，与当地拆迁主体代表进行沟通交流，以了解项目开展的实际情况。

5）宗地涉及拆迁及相邻权问题。在涉及拆迁的房地产项目中，尽职调查需要重点关注拆迁是否完成、拆迁进度情况、已签署的协议的合法合规性、是否履行了相应的法定程序、现有拆迁主体对于拆迁的态度及认可情况。同时对于拆迁房地产周边的土地利用现状、是否可能引发相邻权纠纷，作出法律分析和判断。

对于所需收购的土地项目，在尽职调查阶段，既要审阅土地取得的原有协议，又要查询该片区的规划及法定图则。另外，也有必要向该规划国土部门了解该土地的情况。

6）无证的土地及房产。对于没有取得权属登记证明的土地及房产，在尽职调查阶段，应重点核查权属登记证明无法取得的原因、是否有取得的可行性，取得权属登记证明可能需要付出的成本及代价。针对此类土地及房产，应该向该土地及房产所在地的国土规划部门问询并核实上述情况。

7）以租代买土地转让。通过核查土地取得的法律文件，发现土地存在"以租代买"情形的，对于"以租代买"的土地转让行为，司法实践一般认为承租方不因此受让土地，而是在租赁合同有效期（最高不超过20年）内享有使用权。在合同法实施前已经存在的租赁合同，租赁期限自合同法实施之日起算20年。因此，对于并购的房地产项目中存在"以租代买"情形取得土地的，需充分考虑本次收购的目的。如以开发为目的收购该土地的，由于相对方并非权利人，无法处分该土地，开发目的自然无法实现。

8）宗地周边配套情况。宗地周边的大市政配套，对于项目前期建设以及项目后期开发销售等非常重要。在尽职调查阶段，有必要对项目宗地及周边进行实地考察，同时核查该地块及周边的法定图则。

9）土地用途及性质与合同目的不符。通过查询土地权属证书，可获悉该土地的用途及性质。

5. 债务

在房地产并购中，涉及的债务往往与房地产本身相关，主要包括地价、工程款、抵押借贷、欠薪、税费等。在尽职调查阶段，一般可通过核查涉及债务的合同、往来流水、凭证以及审计报告等确定债务情况，必要时可就债务事宜与债权人进行沟通，以核查债务的真实性为后续债务处理事宜作出初步判断。而房地产项目相关的债务在并购当中一般是不予剥离的，即并购方将予以承接债务，具体到实务中，主要关注如下债务：

（1）项目标的物存在优先债权人。根据法律规定，如土地、房产存在抵押、查封，或并购标的物涉及在建工程的，在收购过程中将存在优先债权人的问题，优先债权人行权将直接影响收购目的的实现，需在对上述优先债权进行妥善处置后方可进行收购。因此，在尽职调查阶段，需关注导致优先债权产生的协议、所涉优先债权的金额，并视情况将上述优先债权的解决作为合作的前提。

（2）普通债务利息、罚息、滞纳金、违约金承担过高。尽职调查中，需关注涉及债务的合同对于债务的期限、债务对应的利息、罚息、滞纳金和违约金等的约定，由于房地产开发周期较长，多为通过借贷关系取得开发建设资金，此类债务如存在迟延的，可能涉及高额的利息，该笔费用甚至超过本金。由于房地产并购多数情况下是以开发为目的，如涉及的普通债务利息、罚息、滞纳金、违约金等过高的，将直接增加开发成本，影响项目开发利润。针对此种情况，尽职调查阶段有必要与债权人进行沟通，以确定最终的债务金额。

（3）未披露债务。并购项目中，产生法律风险的多为未披露的债务，尤其是提供对外担保。在尽职调查阶段，应要求转让方提供目标公司所有的合同台账，台账应包括合同的主体、金额、付款情况、履行情况等。通过对合同台账筛选后确定重大合同，并对目标公司所涉的重要合同进行进一步审查，并结合合同履行情况判断公司是否存在潜在债务纠纷。同时，尽职调查过程中对目标公司合同整体进行审查，也为后续确定合同是否继续履行提供了依据。

（4）已有而未决债务。对于已经披露但是最终未能确定的债务，在法律尽职调查阶段，应重点核查该债务产生的协议、债务的履行情况，对债务作出初步判断，确定该债务是否影响本次收购目的的实现。

（5）股权转让款未能冲抵成本导致税负过高。由于股权转让款并不能纳入房地产项目的开发成本，因此在涉及股权转让的房地产并购项目中，应关注土地取得成本、前期已开发所产生费用是否存在相应的票据。前期费用过高，普遍来讲就是巨额税费的导因。

综上，对于房地产项目并购开展尽职调查的关注点也不同于其他行业的并购，而通过上述法律尽职调查的开展，并购所涉的风险及后续可采取的措施也就一目了然。当然，尽职调查并非万能，只能在一定范围内尽可能地识别风险，项目最终的落成还有赖于在法律尽职调查基础上起草并签订的合作协议。但不得不说，依据法律尽职调查签订的合作协议，才能更有利地保障并购方的利益及收购目的的实现。

二、审查目标公司的条件

房地产企业的并购包括接受公司的全部资产（剥离资产除外）、债权债务、员工安置等。在这之前，首先是要对被并购方的实际情况有详细了解，房地产企业主要包括两个方面：公司自身状况和拥有的房地产项目。所需要了解的信息主要包括以下几个层面：

1. 审查目标公司的主体资格

核心关注点：一是资格，即目标公司是否依法成立和合法生存，包括是否根据当时的程序建立，是否按照法规、注册资本有无到位、验资后有没有抽离。主要审查营业执照、代理代码证、税务登记证、公司章程、验资报告等，并应向工商登记机关查阅工商登记文件。二是资质，关注是否具有房地产开发资质及其有无逾期。主要审查营业执照的经营范围和房地产开发资质证书。

2. 审查开发项目的合法性

很多房地产企业都关心获得目标企业开发项目的开发建设权利，因此开发项目的合法性是必不可少的调查内容。必须要审查开发项目有没有取得法律批准和许可文件。如土地使用权证、建设用地规划许可证、立项批准文件、环评报告、建筑工程规划许可证、建筑工程施工许可证、商品房预售许可证等，同时也要关注未开发土地的闲置期限以及可能被收回的概率。

3. 审查目标公司的资产权利

调查目标企业的财产权有没有纰漏、有没有设立各种担保、权利行使和权利转移等，以确保收购方获得目标公司的财产清晰、权利无瑕疵、行使时不存在法律障碍。因为土地是房地产业赖以生存的基础，土地使用权是尽职调查的核心组成部分。

房产、土地使用权调查。①核实土地使用权的出让（转让）合同、缴纳土地出让金和契税等土地费用的付款凭证、土地使用权证等是否齐全，是否按时付清土地出让金等；②核实其性质、面积、使用期限、用途以及规划要点等；③核实土地使用权、在建工程、房产有无出租、设定抵押、被查封等情况；④自建的在售房产有无"四证"和预售证等；⑤查明有无房产无法获取产权证明。

其他资产调查，通过目标公司的资产清单仔细核实，审阅资产的权属证明文件、购置合同、发票等。

财产保险情况核实，如投保的财产清单、保险合同（保单）、保险费支付发票。

核查拟收购股权的可转让性。排除存在查封、冻结、设置质押等他项权利限制情形，核实股权出售方与第三方签订的限制股权转让的情况。

4. 审查被并购方的债权债务

被并购方在被并购之前积累下来的负债和不良债权既有风险，所有隐蔽的、不确定的债务都对并购发起方的经营不利。因此，对其债务的审查不能只针对财务报表，而且要审查其财务承诺，例如：资产损失，负债，诉讼，仲裁，行政处罚和账外资产和负债等方面的内容。

使用人行贷款卡查询系统查询其信用，核查其银行借款及对外担保的情况；审查其公章使用记录及合同文本，核实其是否有非银行借款和对外担保情况。

审查目标公司金额较大的应收款、应付款，有无法律或合同依据。核查和评估债权的诉讼时效及实现可能性。

审查当下的诉讼、仲裁、行政处罚进展，审查开发项目有无通过环保评估，评估或预防损失。

目标公司要给予承诺和保证，承担日前存在的或有事项和未披露事项责任，包括或有资产损失、或有负债、未向并购方提供的商业合同引致的损失等。

5. 审查开发项目的市场前景

调查拟议的并购是否符合公司的战略。既要关注是否善于开发所要获取的财产类型，也要关注进入的地区是否契合目标。

了解本地经济发展水平、发展规划、房地产市场供求情况、当地购买力、消费者偏好、价格变化等情况、项目所在地、周边自然环境和人文环境、交通状况、支持情况。评测核心竞争方和项目的竞争力，并分析项目的市场定位和目标客户群。针对已预售的项目，有必要去销售现场调查它们的知名度、销售计划和进度、资金运转等情况。

6. 审查目标企业的重要合同

尽职调查的重要对象是交易合同，它对公司的生存和发展有着重要的影响。

根据签订的合同和付款情况，对开发项目的成本进行预测。在签订合同前是否已经批准了必要的程序。如规划、设计、设备采购、施工、销售等成本合同，检查合同内容是否全面细致、价格和成本是否合理、是否关联方交易、是否存在潜在的争议、是否有权利或义务不在合同上达成一致。

对于已销售的项目，有必要研究销售合同中应收账款的方式，了解现金返还的现状，并预测未来现金流，检查销售合同中有无履行能力及其违约责任以及可能的损失等，并特别注意合同是否可以按照约定订立。

审查目标公司与贷款银行之间的贷款合同、担保合同和监管协议，既要核实目标企业的责任和外部担保情况，也要明确银行取消土地和建设项目抵押登记的要求、贷款资金和销售回款资金的监督使用要求和还款计划。

7. 审查目标企业的关联交易

调查相关交易清单和相关交易合同是否完成，关联交易合同的履行；关联交易的价格是否合理，是否偏离市场的公平价格；是否存在真实交易；在关联交易中是否存在潜在的争议以及是否存在损害公司或股东合法权益的情形。

审查目标企业是否有关联方贷款、是否已签订贷款协议、贷款利率是否高于同期银行同业拆借利率、是否已取得利息，可在税前税款扣除。符合相关规定，要关注目标企业是否与母公司签订委托管理、品牌输出等合同、合同的收费标准和合同期限，并决定是否通过谈判终止合同。

8. 审查目标企业的税务状况

审查公司所得税、土地增值税、营业税和附加税、土地使用税（含预付税）等与公司的利润和现金流量预测密切相关。

审查目标公司有无享受税收优惠、财政补贴等优惠政策，享受优惠政策是否合法。

审查目标公司有无继续依法纳税，纳税申报正常与否，有无逃税、拖欠税款、税务局处罚等问题。

9. 审查目标企业的并购审批

公司章程是必不可少的尽职调查项目，对公司章程"反并购条款"的调查。在审查目标企业章程时，应特别注意公司章程中的"反合并条款"。如"绝对多数条款"，是公司章程修改和分立等重大问题的依据。公司的解散必须由代表绝对多数表决权的股东通过，确保并购交易不存在程序性障碍，或以某种方式消除障碍。公司法规定，在股东同意的情况下，其他股东在相同条件下享有优先转让权，所以收购前获得其他股东"放弃优先购买权"的声明是最好的。

审查并购目标公司的审批机构和审批程序。例如，公司制度的合并和收购，应当经股东大会或者董事会批准。国有股转让必须经国有资产管理部门审批，国家经贸委负责将上市公司国有股和法人股转让给外国公司，涉及产业政策和企业改制，财政部负责管理审计，外商投资产业政策和并购公司性质的变化也应经外经贸部批准。

10. 审查目标企业的人力资源

审查职员总数、劳动合同和保密协议、工资福利、劳动争议、缴纳个人所得税、社会保障以及公积金情况。

审查公司管理人员的职业道德、工作经历等，审查是否存在难以解除其劳动合同、职位，因为需要支付高额违约金的情况，审查管理层有无通过各种渠道或借口阻碍并购重组活动。

三、股权并购重组流程和操作指南

（一）股权并购准备阶段

在并购的准备阶段，并购公司确立并购攻略后，应该尽快组成并购小组。一般而言，并购小组应包括两方面人员：并购公司内部人员和聘请的专业人员，其中至少要包括律师、会计师和来自于投资银行的财务顾问，如果并购涉及较为复杂的技术问题，还应该聘请技术顾问。

并购的准备阶段，对目标公司进行尽职调查显得非常重要。尽职调查的事项可以分为两大类：并购的外部法律环境和目标公司的基本情况。

1. 并购的外部法律环境

尽职调查首先必须保证并购的合法性。直接规定并购的法规散见于多种法律文件之中。因此，并购律师不仅要熟悉公司法、证券法等一般性的法律，还要熟悉关于股份有限公司、涉及国有资产、涉外因素的并购特别法规。除了直接规定并购的法规以外，还应该调查反不正当竞争法、贸易政策、环境保护、安全卫生、税务政策等方面的法规。调查时还应该特别注意地方政府、部门对企业的特殊政策。

2. 目标公司的基本情况

重大并购交易应对目标公司进行全面、详细的尽职调查。目标公司的合法性、组织结构、产业背景、财务状况、人事状况都属于必须调查的基本事项。具体而言，以下事项须重点调查：

（1）目标公司的主体资格及获得的批准和授权情况。首先，调查目标公司的股东状况和目标公司是否具备合法地参与并购主体资格；其次，目标公司是否具备从事营业执照所标明的特定行业或经营项目的特定资格；最后，还要审查目标公司是否已经获得了本次并购所必需的批准与授权（公司制企业需要董事会或股东大会的批准，非公司制企业需要职工大会或上级主管部门的批准。

如果并购一方为外商投资企业，还必须获得外经贸主管部门的批准）。

（2）目标公司的主体资格及获得的批准和授权情况。目标企业的性质可能是有限责任公司、股份有限公司、外商投资企业或者合伙制企业，不同性质的目标企业，对于并购方案的设计有着重要影响。

（3）目标公司的主体资格及获得的批准和授权情况。调查中尤其要注意：目标公司及其所有附属机构、合作方的董事和经营管理者名单，与上列单位、人员签署的书面协议、备忘录、保证书等。审查合同过程中应当主要考虑如下因素：①合同的有效期限；②合同项下公司的责任和义务；③重要的违约行为；④违约责任；⑤合同的终止条件等。

（4）目标公司的资产状况。包括动产、不动产、知识产权状况以及产权证明文件，特别要对大笔应收账款和应付账款进行分析。有时在合同签订之后还需要进一步的调查工作，调查结果有可能影响并购价格或其他全局性的问题。

（5）目标公司的人力资源状况。主要包括：目标公司的主要管理人员的一般情况；目标公司的雇员福利政策；目标公司的工会情况；目标公司的劳资关系等。

（6）目标公司的法律纠纷以及潜在债务。对目标公司的尽职调查往往是困难的和耗时的。并购方案则至少应当包含以下几方面的内容：①准确评估目标公司的价值；②确定合适的并购模式和并购交易方式；③选择最优的并购财务方式；④筹划并购议程。

(二) 股权并购实施阶段

股权并购的实施阶段由并购谈判、签订并购合同、履行并购合同三个环节组成。

1. 并购谈判

并购交易谈判的焦点问题是并购的价格和并购的条件，包括并购的总价格、支付方式、支付期限、交易保护、损害赔偿、并购后的人事安排、税负等。双方通过谈判就主要方面取得一致意见后，一般会签订一份《并购意向书》（或称《备忘录》）。《并购意向书》大致包含以下内容，并购方式、并购价格、是否需要卖方股东会批准、卖方希望买方采用的支付方式、是否需要政府的行政许可、并购履行的主要条件等。此外，双方还会在《并购意向书》中约定意向书的效力，可能会包括如下条款，排他协商条款（未经买方同意，卖方不得与第三方再行协商并购事项）、提供资料及信息条款（买方要求卖方进一步提供相关信息资料，卖方要求买方合理使用其所提供资料）、保密条款（并购的任何一方不得公开与并购事项相关的信息）、锁定条款（买方按照约定价格购买目标公司的部分股份、资产，以保证目标公司继续与收购公司谈判）、费用分担条款（并购成功或者不成功所引起的费用的分担方式）、终止条款（意向书失效的条件）。

2. 签订并购合同

并购协议应规定所有并购条件和当事人的陈述担保。并购协议的谈判是一个漫长的过程，通常是收购方的律师在双方谈判的基础上拿出一套协议草案，然后双方律师在此基础上经过多次磋商、反复修改，最后才能定稿。并购重组协议至少应包括以下条款：

（1）并购价款和支付方式。

（2）陈述与保证条款。陈述与保证条款通常是并购合同中的最长条款，内容也极其烦琐。该条款是约束目标公司的条款，也是保障并购方权利的主要条款。目标公司应保证有关的公司文件、会计账册、营业与资产状况的报表与资料的真实性。

（3）并购合同中会规定合同生效条件、交割条件和支付条件。并购重组合同经双方签字后，可能需要等待政府有关部门的核准，或需要并购双方履行法律规定的一系列义务（如债务公告、信息披露等），或并购方还需要作进一步审查后才最后确认，所以并购合同不一定马上发生预期的法律效力。并购双方往往会在合同中约定并购合同的生效条件，当达成附条件时，并购合同对双方当事人发生法律约束力。为了促成并购重组合同的生效，在并购合同中往往还需要约定在合同签订后、生效前双方应该履行的义务及其期限。比如，双方应该在约定期限内取得一切有权第三方的同意、授权、核准等。

（4）并购合同的履行条件。履行条件往往与并购对价的支付方式联系在一起，双方一般会约定当卖方履行何种义务后，买方支付多少比例的对价。

（5）资产交割后的步骤和程序。

（6）违约赔偿条款。

（7）税负、并购费用等其他条款。

3. 履行并购合同

履行并购合同是指，并购合同双方依照合同约定，完成各自义务，包括合同生效、产权交割、支付尾款时间。一个较为审慎的并购协议的履行期间一般分三个阶段：合同生效后，买方支付一定比例的对价；在约定的期限内卖方交割转让资产或股权后，买方再支付一定比例的对价；一般买方会要求在交割后的一定期限内支付最后一笔尾款，尾款支付结束后，并购合同才算真正履行约束作用。

（三）股权并购整合阶段

股权并购整合阶段主要包括财务整合、人力资源整合、资产整合、企业文化整合等方面事务。其中的主要法律事务包括：

（1）目标公司遗留的重大合同处理。

（2）目标公司正在进行的诉讼、仲裁、调解、谈判的处理。

（3）目标公司内部治理结构整顿（包括目标公司董事会议事日程、会议记录与关联公司的法律关系协调等）。

（4）依法安置目标公司原有工作人员。

（四）股权重组流程和操作指南

（1）调查摸底、收集材料。对重组企业的经济效益状况、资产财务状况、内部组织机构状况、人员状况、企业办社会状况、产品技术设备状况、企业管理状况等进行全面调查摸底。

（2）明确思路，设计方案。成立企业重组工作领导小组，组织得力人员，着手对本企业内部、外部现状和问题进行分析。明确企业重组的目的与基本思路。在此基础上着手拟订企业重组实施方案、公司章程、集团章程、配套方案等一系列重组文件。

（3）职工讨论。上报审批《实施方案》交职工讨论，将重组原则及步骤告诉职工，听取职工意见。同时对职工进行思想动员和学习教育，并对企业中高级管理人员进行分类培训，统一思想认识。将《实施方案》送各有关部门听取意见，并在政府有关部门的指导帮助下最后修订方案，上报国有资产监督管理机构审批。

（4）清产核资。界定产权按国家有关规定，开展清产核资工作，进行资产清点、盘库、造册等。对准备进行重组的资产进行准确评估。界定产权，清理债权债务，核实企业法人财产占用量，划分经营性资产与非经营性资产，从总资产中剔除和剥离三类资产（企业的非主业资产、闲置资产和关闭破产企业的有效资产）和非经营性资产。

（5）拟订重组企业的股权结构。在重组企业中，如何实现产权多元化，国有股是控股、参股还是完全退出，社会法人股和职工股的股权比例如何确定才能激励和约束有效制衡，需要确定科学合理的股权结构，建立规范的现代产权制度。

（6）通过产权交易市场，确定重组资产价格。国有资产的处置要进入依法成立的产权交易机构公开交易，不得私下交易。必须充分披露产权转让信息，广泛征集受让方，利用协议、招标、拍卖等市场化手段，确定重组资产价格。

（7）办理产权交割及法律手续。根据《产权转让合同》办理产权交割，然后持产权交易机构出具的《成交确认书》办理工商、土地、产权等变更手续。

（8）发布重组公告。

第六章 房地产并购重组时的基本流程

第一节 主并企业对并购对象的选择

企业并购是企业的一种资本投资,是企业为获取资本收益而采取的一种途径,也是企业寻求自我成长和发展的一种战略选择。但并购涉及企业的方方面面,过程牵涉甚广,关系到的人和事纷繁复杂,是一项很艰巨的任务。并购企业的选择需要根据主并企业的需求情况来做决定,抱着满足企业需求的目的挑选并购企业,主并企业必须掌握各方面的技术和信息,做出最恰当的选择。

一、目标企业选择原则

1. 以在房地产行业内长期发展为目标

既然选择并购房地产企业,进入房地产行业前,就应该以在该行业长期发展为目标,并购企业不是股票投资可以随时转卖,它关系到整个企业的生存与发展。房地产行业为人们提供住所,与人们的生活休戚相关。在我国大部分人要花费一生的积蓄才能买得起一套房,房地产行业若是处于混乱,不能长期稳定，人们的基本生活将得不到保障。我国如何能持续稳定发展，所以说一旦进入房地产行业，就应该以长期发展为目标。

2. 以核心竞争力或战略资源为导向

以核心竞争力或战略资源为导向，就是要以核心竞争力或战略资源选择目标企业，将自身现有的核心竞争力和战略资源，目标企业核心竞争力和战略资源及这两者之间的关系作为选择目标时的重点。在选择时，要考虑如何充分运用自身现有的核心竞争力和资源的辐射、扩散以及协同效应，或是通过并购获得相应的战略资源并达到提升核心竞争力的目的[①]。

3. 互补性强

企业并购的本质就是谋求发展壮大，获取竞争优势，增强企业竞争力。故而目标企业必须与主并企业具有互补性，通过相互弥补各自的弱势与缺陷，以实现"1+1>2"为目标。例如，百度为了赢得互联网时代的竞争，重金收购了PPS网络电视，长安汽车在对江铃汽车的并购中借助相互的优势改善了经营状况和财务状况，稳坐中国市场。

4. 战略匹配

选择合适的并购目标是并购成功的前提条件，主并企业应该从企业战略发展的长远性角度来考虑并购目标的选择，以长期战略目标作为衡量目标企业的依据。因为在战略上匹配的目标企业降低了并购后整合的难度，减少了并购双方在后期企业发展方向和重大决策上的分歧。投机性的并购活动，如对土地囤积居奇，虽然给投机者带来了短期利益，但却造成了房地产市场的紊乱和房地产消费者利益受损。并购由于涵盖大量资金的使用和人力资源的调配等重大问题，对整个企业来说至关重要。将战略匹配性作为决定目标企业的关键因素，相当于是根据主并企业的需求和能力来选择、匹配资源，选择发展战略匹配的企业能够为后期的整合与整体运作节省大量开支。

[①] 朱清华，钟远，李启明. 基于核心竞争力的房地产企业并购研究[J]. 建筑经济，2007（3）：51-55.

5. 双赢原则

双赢强调的是并购双方在相互满足对方需求的情况下达成的并购协议，而不是单方受益的强迫性的并购。双赢的并购中两方都能因与另一方的结合而获得额外的优势，特别是被并购企业，如果并购是由主并企业主导的，而目标企业并非自愿，这种情况下只有主并企业获利，而被并购企业只是迫于无奈，就不是所谓的双赢。只有在双赢的并购中，才能借助双方的优势，实现资源优势互补，取得并购的最大优势，从而最大程度地提升公司的绩效水平和收益。双赢的并购关键在于并购动机的拟合程度，拟合程度高的企业在资源需求上更具互补性，为并购后的整合与统一发展战略奠定了基础。并购企业之间的资源互补重点在于核心竞争力的相互匹配，立足于双方的优势，通过资源重新配置实现优势互补，达到"1+1>2"的效果，以培育或增强竞争优势，实现双赢。只有实现双赢，并购才能真正成功。

6. 融合性强

企业并购牵一发而动全身，并购双方都必须在各个方面作出相应的调整，尤其是被并购企业，企业组成人员会发生大幅度变化、企业整体的结构框架、文化、信息与财务系统都将发生或大或小的改变。改变就意味着人力、物力、财力的损耗。只有当并购双方在降低调整幅度的同时，又能使两个企业巧妙地融合，才能实现整体和长期利益最大化。因此，主并企业应该选择在组织、管理、文化等方面与本企业可融合性高的目标企业。

7. 信息透明

很多企业并购最终失败的原因就是在并购前没有发现目标企业存在的问题，特别是财务上的问题，并购落入财务"陷阱"，进退两难。因此，应尽量选择那些信息比较透明的企业作为并购对象，以免陷入陷阱。

二、我国房地产业并购的时机选择

在我国，房地产行业受国家宏观调控的影响，并且存在着周期性市场变化，所以房地产企业并购时机的选择与并购成败息息相关。企业最好是在国家宏观背景、房地产市场所处周期都有利于房地产企业发展的时候开展并购，若是时机选择不当，比如说在房地产行业处于衰退期的时候选择并购，将给企业带来巨大的损失。

根据房地产行业的发展周期选择并购企业时，应该首选行业处于成熟期或者成长期，这个时候房地产市场正处于上升或者繁盛的阶段，但是还是要考虑其他的环境因素。房地产行业处于成长期时，并购后企业顶多算个潜力股，不一定真能实现预期增长；处于成熟期时，可能房地产行业已达到鼎盛时期，并购后企业只能走下坡路，得不偿失。其他的环境因素主要包括，政策法律环境和宏观经济环境，比如政府会制定一些特定的并购导向政策，如提供一些优惠或者保障政策，鼓励一些较大型房地产企业的成长，这个时候如果那些资金充足、经营状况良好、融资渠道和销售渠道都很广泛的房地产企业能抓住机会，并购那些经营状况较差、难以维持、正在走下坡路的中小企业或一些新兴的还没有站稳脚跟的房地产企业，那么很容易能以低成本快速抢占房地产市场份额，成为房地产行业的巨头，占据大部分市场，拥有较高的行业地位，企业就可以获得规模经济和多头垄断带来的巨大收益。

相反，那些处于起步阶段，或者经营效率低下、缺乏竞争力、处于衰退期的中小房地产企业，也应该客观审视自己的真实状况，充分地分析自身的需要，选择战略、文化、管理上相匹配的主并企业以谋求更大的发展空间。

企业发现目标企业的途径，要找到合适的目标企业，企业需要充分利用内外部力量和消息渠道，在外部环境中展开调查和搜索相关信息，然后通过研究分析确定。首先，可以利用同行职工之间的联系，从企业的高级员工中打探到该行业其他企业的市场和经营状况，从而找到合适的企业。其次，可以在公司内部成立并购团队，让它们专门负责在大量的公开信息中筛选出有效信息，继而在对相关资料进行研究分析的基础上选中目标企业。企业还可以依赖中介机构，一般来说，它们具备比较专业的团队，可以用更系统化的条件为主并企业寻找目标企业。再次，企业可以向熟知该行业的高级管理人员、财务人员、法律人员、信息和技术人员、代理谈判人员等咨询。最后，可以向投资银行和商业银行咨询，由于银行有强大的客户网络和专业财务分析技术，了解相关企业资金运转情况，经常参与到企业并购中，拥有丰富的并购经验，能为主并企业提供收购计划、安排并购融资、代发证券等。

实践表明，在收集目标企业相关信息时，上市公司名气、所占领市场份额较大，在行业内也比较突出，所以企业信息更透明，更易获取，而相对在这些方面都处于劣势的非上市公司相关信息较少，获得较难。然而被并购的企业大多都是非上市公司，导致目标企业寻找的难度较大。与此同时，我国的行业协会大多不是由政府相关部门主办的，往往难以得到足够的重视，主办机构人员办事效率低下，通常难以从协会获取到有价值的并购信息。借助企业内部信息渠道或者通过中介机构购买并购资料也几乎不可行；几乎不存在目标企业主动提供资料，请求收购；也没有哪家企业会耗费巨大的成本，时刻准备并购其他企业。事实证明，电话咨询作为一种双向信息收集方法，可以有针对性地把目标企业的情况和收购标准进行比较。另外，参加专业展会，也是寻找目标企业的途径之一，通过参加展会可以了解到行业的发展现状和市场的未来走向等关键信息，这为主并企业将来并购整合目标企业提供了极其重要的依据。

三、选择目标企业应考虑的一般因素

1. 目标企业规模

决定企业规模的因素无外乎以下三个：第一，企业的主营业务收入，收入越多规模越大；第二，企业的市场份额，它决定企业的相对规模；第三，企业的复杂程度，可以通过企业的经营范围和多样性两个角度探察。

2. 目标企业环境

对于房地产企业而言，区位环境因素尤为重要。在经济繁华或者环境优美的地区，房地产的销售价格和数量相对于落后、人烟稀少的地方差别巨大，可以说是完全不在一个等级。另外一个就是行业环境因素，在房地产行业发展不景气或竞争压力大的环境中不适合并购。

3. 并购双方内部经营能力

并购双方既然要在能力上"拟合"，就有必要弄清楚两者的内部经营能力，明确双方的优、劣势，从而达到取长补短、优势互补的效果。企业的能力牵涉到管理、技术、生产、销售等各个方面，共同构成企业经营能力体系。全面地调查分析企业经营状况，明确企业的核心能力以及经营问题，可以帮助判断目标企业与主并企业的匹配程度以及相互融合性，为将来的整合奠定基础。

4. 并购成本

并购成本主要包括：前期并购成本和后期整合成本。前期并购成本基本由选择目标企业时的资料收集成本、尽职调查的资金和人力成本、协商谈判成本、资产交易成本和反收购成本等组成。后期整合成本也就是整合活动所花费的人力、物力、财力，往往与目标企业的选择紧密相关，恰当的选择能够节约大量的时间成本和资本，并购同一行业内文化和管理风格相近的目标企业更便于整合，整合成本较低。另外，国家提供优惠政策的企业，如国有企业若是对国家优惠政策具有较强的依赖性，而在被并购后若不能享受优惠政策，将造成很大一笔整合成本。

5. 目标企业财务状况

通过调查目标企业的财务报告如年度报告、中期业绩报告等，分析目标企业的资本结构合理性、盈利能力、未来发展潜力、偿债能力、资金利用效率等。同时根据主并企业的财务状况，选择与之相匹配的目标企业，如选择与负债率匹配的目标企业，以达到合理的负债率；估计目标企业的现金流比率与其投资机会能否与本企业相匹配达到实现可持续发展的目的。

四、并购风险的考虑

并购是一项高风险的经营活动，房地产并购中存在很多风险，主并企业必须懂得合理地规避这些风险，才能以最低成本完成并购，因此了解风险的种类和规避方法对主并企业非常重要，以下是几个主要的并购风险：

1. 信息不对称风险

主并企业的并购决策层不可能像目标企业的高层那样，掌握目标企业的所有信息，所以在并购决策中一定存在信息不对称的问题，而由此带来的风险，就叫作信息不对称风险。并购过程中，信息不对称风险的大小，取决于主并企业对目标企业真实状况的了解程度，或者目标企业对自身条件的隐瞒程度。当并购企业与目标企业存在严重的信息不对称时，并购企业不能对目标企业的盈利能力、资产价值等信息作出精准的判断，很容易以较高的价格并购目标企业，而造成经济损失。一般情况下，目标企业为了在并购中谋取利益，会故意在并购协商时对企业的负面情况，如资金、经营问题、法律问题等按下不提或有意隐瞒，导致主并企业在不查的情况下承担不必要的经济损失和额外的法律责任。这类并购陷阱在跨区域和跨行业并购中特别常见。因此，主并企业在对目标企业做尽职调查时一定要全面仔细，谨防遗漏掉重要信息，特别是那些容易被忽视的财务报表风险以及账面上不能体现的潜在风险因子，如资产或抵押品的高估、作为被告卷入法律纠纷、无形资产的权属是否有争议、有些负债未在资产负债表上反映等[1]。

2. 过程型风险

并购过程包括从并购设计到并购交易结束的各个环节，这个过程既是产生并购绩效的过程，同样也是一条险象环生的路径，途中可能会遇到很多难

---

[1] 许欣童. 我国房地产行业并购绩效实证研究 [J]. 商，2014（21）：246-247.

以预料的风险。例如，目标企业管理层或员工反对并购、谈判的时间太长、市场的负面反应等。若对并购过程把握和控制不当，会导致并购过程无限期延长或远离正常轨道，并购成功率与绩效都会大打折扣。

3. 财务风险

财务风险主要存在于并购资金的获得、并购价格与目标企业的价值是否相当、并购支付方式方面。首先，企业是否能筹集到并购资金，融资的方式包括内源融资、外源融资，风险在于，获得资金的成本和融资完成后会不会对企业的资本结构产生不利影响。其次，是目标企业估值风险，主并企业所提供的并购价格是否与目标企业的真实价值相匹配。价格开高了不划算，开低了又会导致并购失败。最后，即使找到了最优的融资途径，确定了合理的并购价格，支付方式的选择也会增加财务风险。如果企业选择短期支付，或当即全款支付，会给企业带来巨大的负债压力，增加融资成本或因流动资金不够造成企业无法正常运行，因此选择企业能够承受的恰当的支付方式非常重要[1]。

4. 法律风险

并购的实践中存在很多法律风险，房地产企业对并购重组过程中潜在的法律风险防范不够是导致并购失败的一个重要原因。如合同管理风险，由于卖方对合同管理不严或其他主观原因使买方无法全面了解目标企业所承担的法律责任；诉讼仲裁风险，如果卖方没有全面披露正在进行或潜在的诉讼以及诉讼对象的个体情况，那么诉讼的结果有可能会使目标公司作为资产的债权减小到不可思议的程度。法律法规变动的风险，企业的一项并购行为尤其是大中型企业的并购行为并不能短时间内完成；注册资本问题，现实中有大量注册资本在500万元以下的公司因出资瑕疵、虚假出资而低价转让股权、破产等。所以，并购企业时一定要仔细审查与法律相关的信息[2]。

---

[1] 李金田，李红琨. 企业并购财务风险分析与防范 [J]. 经济研究导刊，2012（3）：114-116.
[2] 沈佳萍. 房地产企业并购重组中的防范对策之我见 [J]. 中国国际财经，2018（1）：138-139.

5. 政府行为风险

在中国这个发展中国家，政治法律环境还有待完善，特别是对政府部门的管理方面还有待提高，有些地方欠缺科学性的管理，导致政府人员由于没有战略眼光，不懂得合理的规划又或是为了提高个人的业绩或者收受贿赂帮助熟人而滥用法律赋予的并购管理权限。在没有做客观详细的研究和调查的情况下，强行逼迫企业达成并购协议，然而对于那些已经协商好并购的企业请求获得并购批准时，却采取推诿、拖延、懈怠、不予理睬的态度，致使一桩好的并购交易泡汤等。政府出台的各种房地产行业相关政策如并购优惠政策和一些房地产市场调控政策等的推出都将对房地产企业并购产生积极或消极的影响[①]。

6. 整合风险

整合是并购的关键阶段，在这一过程中，经营资源的共享、知识技能的转移、文化的融合等开始推进，并购绩效也开始逐渐显现。即使找到了最合适的目标企业，也不一定能真正达到预期的目标，因为就算目标企业有优质的物质、财务、人力资源，如果没有得到合理的整合、有效的利用，那么不仅造成浪费还会带来企业的经济损失和混乱。整合的风险主要来自于两个方面，一是因战略、文化、组织等不融合造成相互冲突带来的风险，二是由于整合管理不当带来的风险。相比而言，前者是主要的风险，并且因目标企业不同带来的风险程度也不同，应作为评估的重点。

7. 并购重组的筹备风险

整个并购的筹备过程包括，主并企业产生并购的意愿，通过分析企业当下的实质情况和战略发展目标形成并购的整体思想架构，初步拟订目标企业选择时的系统化的限制条件和标准。如目标企业所处地区、技术、资金、人才、规模、市场份额等因素。通过研究、分析和调整确定一套筛选标准，

---

① 陈立敏，王小瑕.中国企业并购绩效的影响因素研究：基于资源基础观与制度基础观的实证分析[J].浙江大学学报（人文社会科学版），2016（6）：162-174.

并以公告的形式向外部发出征集信息，寻找符合条件的目标企业成为备选企业，最后经过主并企业综合分析敲定并购对象。

并购筹备的风险主要在于目标企业，选择的过程中，若是目标企业故意隐瞒一些关键性的对企业不利的信息，或假意参选只为获得主并企业的某些资源，将会给主并企业带来不小的损失。又或者合并双方动机不纯想着占便宜，不是真诚、善意的参与并购活动，为了己方利益给对方使绊子，很容易在并购过程中带来诸多麻烦和障碍，造成并购成本上升，双方受损不利于企业将来的发展。恶意并购会导致整合难度加大，成本高、效率低。

第二节　并购目标的确定与谈判

一、尽职调查

1. 尽职调查的实施程序

尽职调查也称审慎调查，指在收购过程中收购者对目标公司的资产和负债情况、经营和财务状况、法律关系以及目标企业所面临的机会与潜在风险进行的一系列调查。一般来说，目标企业都会协助主并企业进行尽职调查，为其提供相关的资料与文件，但这通常只能满足一些小企业的并购活动，对于一些大型的并购案为避免造成巨大的损失必须要聘请一些专业人员实施系统化、仔细的尽职调查，具体程序如下：

（1）成立包括律师、会计师和财务顾问等中介机构在内的专业调查小组。

（2）制订尽职调查计划。

（3）主并企业和第三方中介机构与卖方签署"保密协议"。

（4）研究讨论并拟订尽职调查清单，并要求目标企业提供相关资料。

（5）展开尽职调查，收集、研究并分析该企业的相关资料。

（6）提交尽职调查报告和风险控制报告并列出关键事项。

2. 尽职调查的范围

尽职调查主要可以分为业务尽职调查、财务尽职调查、法律尽职调查。业务尽职调查涵盖市场分析、竞争地位、客户关系、定价能力、供应链、环保和监管等问题；财务尽职调查包括企业的历史经营业绩、未来盈利预测、现金流、营运资金、融资结构、资本性开支以及财务风险敏感度分析等内容；法律尽职调查囊括历史沿革问题、主要股东情况、高级管理人员、债务对外担保情况、重大合同、诉讼与仲裁、税收及政府优惠政策等。尽职调查又分为初步调查和深入调查，在并购方选择目标企业时，就着手收集该企业的相关资料和信息，借助初步调查确定是否将其设为目标企业。接着在确定所要并购企业后，再与被并购企业协商并购，一旦达成并购意向，就可以在签署保密协议的情况下，要求目标方协助展开全面的尽职调查。

3. 尽职调查的内容

尽管由于目标企业的规模和复杂程度的不同，尽职调查内容也存在一定的差异，但一般都包括以下方面：

（1）明确目标企业主体资格状态。对于这方面的调查，主要包含两个方面，一方面是企业的资格，关注目标企业成立的合法性，注册资本是否到位，是否存在资金抽逃现象，对其相关的证件进行审阅。另一方面是考察其资质，即相关的房地产开发资质。

（2）调查目标企业存续的合法性。对于并购行为而言，其主要目的是获取开发项目的建设权利，因此需要调查项目是否具有相关准可文件，涉及土地使用权证、环评报告等。

（3）详细了解目标企业资产权利状况。在这项调查中，主要关注的是目标企业的各项财产权利是否具有问题，是否存在担保、转让等限制，目的是理清目标企业财产关系。对于房地产企业而言，土地是根本，因此土地使用权是尽职调查中的关键。第一，要对土地使用权和房产进行仔细调查，关注土地的使用权、面积、性质、用途，同时还包含房产的实时状态，关注是否存在产权证明等。第二，关注其他的资产调查，需要目标企业提供资产清单，进行全面核查，对其权属文件进行核查。第三，调查财产保险情况。第四，是针对拟收购股权进行可转让性调查。

（4）采取多渠道调查的方式对目标企业的债权债务进行分析。目标企业的负债以及不良债权会对整个并购产生较大风险，因此要对其进行全面调查，不仅要突破财务报表的限制，还要对其相关的资产、诉讼、账外资产等进行调查。第一，可以借助贷款卡查询系统，进行信用报告的查询，明确其担保等情况。第二，对企业较大数额的应收、应付等款项的真实性进行确认，同时考量是否会变成不良债权。第三，对企业正在诉讼、仲裁的相关情况进行调查，考察其造成的后果和损失。

（5）对并购业务发展潜力和前景进行深入调查。首先，要考察并购项目与公司战略的吻合程度。其次，对目标所在地进行全面调查，包含经济发展水平、地产需求、价格趋势、项目位置等。最后，要对竞争对手进行分析，定位目标群体，全面了解项目的进度、计划以及资金回笼等情况。

（6）对目标企业存续期间的各方面合同进行调查。首先，是相关的规划设计、采购、施工等合同，要考察其签订的合法性和合同条款的合理性。其次，对已经在售的项目，需要审查相关的收款方式，掌握资金回笼情况，关注合同的相关约定责任等。最后，对目标企业与银行签订的贷款合同以及相关协议进行审查，明确企业负债以及相关担保情况，同时也可以掌握土地质押情况。

（7）对目标企业的关联交易状态进行分析。对关联清单和交易合同进行调查，考察其履行情况，明确其中是否存在纠纷。重点进行关联方借款情况。

（8）关注目标企业的税务状况。在这方面的调查，主要是调查企业不同税种的税率以及企业是否具有相关税收减免政策和相关优惠。考察企业是否依法纳税，申报是否正常。

（9）对人力资源情况进行调查。调查企业员工人数、相关薪酬待遇、纠纷以及社保等情况。对高管的职业操守、履历等进行了解，考察其对并购的意见[①]。

4. 尽职调查注意事项

从企业形成并购意向到最终与目标企业达成并购协议成功并购，整个并购过程都离不开尽职调查。尽管普遍的并购大致都遵循一套通用的程序、内容与方法，但毕竟不同性质、规模的企业在很多地方都不尽相同，因此尽职调查的各个环节都应该根据不同的情况，要有针对性地开展，以下是一些关键的注意事项：

（1）抓重点，带着疑问展开调查。想要在有限的时间内掌握一个企业的基本情况、产品与服务、企业的技术与研发、企业的生产及设施、生产过程、企业的人力资源、企业的市场状况等是一件非常困难的事情。所以，在做尽职调查时，主并企业在关注整体的同时也要学会根据整体框架把握一些关键点，坚持"20/80"的重要性原则，合理规划和安排人员和时间，做到有的放矢，循序渐进。

（2）着重调查管理团队和研发人员。人力资源作为一个企业的精华所在，标志着一个企业的真实实力，象征着企业的发展潜力，管理团队和研发人员作为一个企业的精英群体是企业人力资源的核心。聪明的收购方会花更多的时间了解这些人，在与他们的交谈沟通中，推断出一个企业的真正价值。虽然更多人认为，一个企业的资产负债情况、以往的收入和利润等历史数据更能反映企业的价值，但这些都是过去的数据，即使有一定的价值，用来对企业未来前景进行预测，还是有一定的局限性。

（3）需花更多精力做市场尽职调查。根据战略匹配原则，企业应该尽量选择与自身战略相匹配的目标企业，以保证并购后企业的顺利整合和长期向前发展。因此，必须多花精力做市场尽职调查，通过调查市场的环境、需

[①] 郭晓东，徐文娟. 加强档案信息化建设 提升档案管理水平[J]. 办公室业务，2017（4）：75.

求、供给、营销因素、竞争情况，再结合并购双方的产品、客户群、营销方法、品牌等分析双方的优劣势和战略匹配情况，制定恰当、有效的并购整合计划和策略。

（4）市场占有率直接反映目标企业价值[1]。市场占有率决定了企业在市场中的竞争地位和盈利能力。市场占有率大的企业就像在攻防战中占据有利地形的一方，占尽竞争优势，可以借助规模效应降低生产成本，继而可以用相对较低的价格与竞争对手展开竞争，自然也就可以获得比竞争对手多得多的收益。大量的资金可以用来不断创新、改进企业产品、提升企业竞争优势和巩固企业的市场地位，使企业在与竞争对手的搏击中立于不败之地，较高的市场占有率通常是企业多年苦心经营的结果，一旦获得很难被超越，所以说市场占有率能够直接反映目标企业价值。

（5）现金流量比利润更能体现企业盈利的真实性。现金流量和利润虽然对于企业的盈利来说都比较重要，两者互为补充，特别是在新会计准则下，但是值得注意的是公司的利润表比较容易操纵，而现金流量表难以操纵，如果想真实地了解公司，还要看一下纳税的税收表。公司在发展的过程中需要的是现金，利润并不等于现金流，利润仅是企业按照权责发生制计算出来的，其与产生的现金流之间还有差距。如利润为正，现金流可能为负，此时一个看似利润很高的公司也会有财务困境。实际上现金流才能体现一个公司的盈利能力，也能表明一个公司应对财务风险的能力。不过主并企业可以通过对比经营活动产生的现金流量与会计利润来评价利润质量，在并购时对利润质量差的企业要足够地重视，仔细审查该企业的真实价值。

（6）收购私营企业需要特别警惕。改革开放时期国家为了发展经济，"不顾一切"地支持私营企业，导致大部分私营企业把利益放在了第一位，只要有利可图既不讲究规范，也不讲究科学的管理方法和长期利益。被并购的大

---

[1] 赵小鹏. 房地产项目并购尽职调查[J]. 金融经济, 2011（14）: 83-85.

多数小规模私营企业,由于投资规模小、自有资金有限、企业经营管理层次低、产品科技含量低、员工素质不高市场竞争力有限。私营企业内部的激励机制灵活却又缺乏保障,大多数存在用人机制落后、用工形式任人唯亲、企业主素质低下,忽视与员工的情感交流、忽视劳动者的社会福利保障等缺点,所以说在收购私营企业时更要小心谨慎。

通过尽职调查我们对目标企业有一个较为系统的了解,并可以通过"三维模型"对目标企业做出一个基本的评价。但是,最终确定目标企业时,不仅要考虑企业本身的特性,还要考虑并购企业时的并购战略、核心竞争力、偏好以及目标企业提出的交易条件等,经综合考虑才能做出决策。在做出最终决定之前,并购双方必须就交易条件等问题进行谈判,内容包括并购方式、价款、支付方式、并购后企业管理层人事安排、原有职工的解决方案等相关问题。经过几轮谈判和磋商,双方不断对并购方案进行协商调整,最后达成一致并签订并购合同。

二、协商谈判

1. 制订谈判计划

进行谈判之前,谈判双方需提前制订书面谈判计划。首先要约定谈判的时间和地点,避免因为拖拉造成时间的浪费。其次就是要提前拟订谈判内容,明确谈判的目的,双方都说明各自的预期目标,这样可以节约时间,提高谈判的效率,为接下来谈判的顺利进行奠定基础。此外,各方当事人还需要明确己方谈判结果的可接受范围,并拟订多个备选方案,这样不但可以加快谈判的进程,还能够把握谈判的节奏,处于不败之地。在制订谈判计划时,有三点需要留意:一是在己方利益不受损的情况下,尽量追求合作双赢结果;二是制订的计划要简洁明了,既能明确表达己方的意图,又容易记忆理解。还要控制每次议题的数量,以免因为疲劳而做出错误的决定;三是谈判问题的提出要有逻辑性，每个问题要相互衔接，按顺序依次提出，不要东扯西扯制造混乱[①]。

2. 模拟谈判

模拟谈判也就是正式谈判前的"彩排"，它是谈判准备中的最后一项。由己方人员同时扮演对手和己方角色，扮演对手团队的人员需要把自己假想成对手，从对手的谈判立场、观点、风格等出发和己方主谈人员进行谈判。正确的模拟谈判有以下好处：①提高谈判者应对困难的能力；②检验谈判方案是否周密可行；③训练和提高谈判能力。

3. 草拟合同

草拟合同能有效地提高谈判效率，使谈判的准备、谈判的过程更有针对性、更实际、内容更完整。要注意的是不能被草拟合同的条款"框死"。在谈判中什么事情都可能发生，修改合同条款是常见之事，只要条件出现，并购重组的方式也有可能改变。所以，草拟的合同可能并不只是一份。草拟合同的过程是确定控制风险内容的过程，因为依靠对方的道德约束是不够的，只有把交易中可能存在的风险在合同上采取措施加以控制才是有效的[②]。

4. 草拟备忘录

房地产企业并购重组的谈判包含的条目种类繁多、涉及的内容综合交错、不是一两次谈判就能解决的，通常都要分成几次多步进行。谈判团队中需要由专人负责记录每次谈判决议的内容，否则没有任何的书面记录，最终将导致没有明确统一答案。如此一来，小企业的并购或许能草草了事，但凡稍复杂的并购项目将乱成一团，就算谈妥了也没有书面的证据确认所谈条款，极有可能导致谈判失败。

5. 组织谈判班子

谈判班子是由代表本企业参加谈判的所有人员组成的团队。一个强有力

[①] 林叶金. 浅谈如何准备企业并购重组谈判 [J]. 中国注册会计师，2012（12）：114-115.
[②] 许劲上. 并购的沟通与谈判策略技巧 [J]. 名人传记（财富人物），2010（11）：43-45.

的谈判团队能够保证企业在谈判中处于有利地位，常规的谈判班子一般包含以下几种成员，即主谈人、经济人员、技术人员、法律人员、翻译人员、记录人员等。

6. 准备谈判策略

房地产并购谈判绝对称得上是一项技术性任务，其中常伴随着一套系统化策略技巧，具体包括，事前做好功课、设置合理的预期、决定从哪开始、留下操纵空间管理价格和非价格让步过程、在谈判过程中产生并保持信任、掌控时间、有效地表达意见和理由、力图成为起草协议的一方、当领先时结束谈判。虽然谈判需要一定的硬性条件，如能否拿出足够的并购资金，企业是否能为目标企业提供更好的发展空间等，但技巧运用得当并购将事半功倍。

三、并购谈判的关键环节

1. 谈判并购价格

在并购价格的谈判上，主并企业往往由于信息不对称，而摸不清对方的底细，难以做出合理的价格估计而占下风，但只要掌握正确的谈判策略和技巧，努力做好各项准备工作也能挽回不利局面，至少不会吃大亏。

在价格谈判中首先运用开局策略，对影响谈判的杠杆、价值、销售价格、竞争及其他因素的信息进行收集并评估，做好保守性方案，以防另一方得到不应该知道的信息。注意听取有助于讨价还价的额外的有用信息。在报价策略上，先结合尽职调查和相关资料的研究，确定一个合理的预期价格，在初次报价时，留下10%~25%的让步空间，这是常见做法，具体依照不同资产的热门程度而定。在非价格问题上，也要力图留下讨价空间，但是务必确定提出的价格具有充分的理由。在开始使用还价策略时，不要害怕做出了第一次让步，但也不要急于让步，不然将会失去信用，应该进行有意义的一步步退让（而不是多次一小点），对于主并企业提出的任何价位都提供可信的理由。专注于事实，远离谈判中的感性举动，评估对方所说的可靠性，信息越重要，越应该持

怀疑态度。确认每次让步的规模在逐步减少。最后当谈判进行得非常好，价格与预期差不多，而且主并企业已经得到了大部分想要的，应当实施促成协议策略，不要让谈判无休止地进行，立马结束谈判达成协议。

2. 并购条件的谈判

并购条件虽然属于非价格问题，但也是决定并购价格的一个关键因素。主要包括支付方式、支付期限，交易保护、损害赔偿，并购后人事安排、税负等问题。实际谈判中并购条件作为非价格因素，也可以和价格一样，在一定范围内被谈判者"操纵"，适当地在并购条件上作出一定的让步也能促成交易的成功。

并购价格并不能保证一切，通常情况下，并购双方都乐意以一定的并购条件来代替并购交易资金。比如并购方可能愿意向被并购方提供一个高的价格来吸引被并购企业的兴趣，这样可以帮助被并购企业减轻融资压力，或开出更高的价格，以换取被并购企业的一些精干的员工，以维持并购后企业的高速运营等。

这些问题可能不是企业并购谈判的核心议题，但是如果并购条件的谈判不顺利，这些也会对整个谈判产生重要影响。比如谈判双方就并购价格达成了一致意见，但是很可能因为并购条件等小议题无法达成一致，而最终导致整个并购活动"流产"，所以并购方对于并购条件的谈判也不能掉以轻心[①]。

3. 并购价格支付方式的选择

对于一个企业并购活动而言，价格这个数值的大小并不是衡量并购成本价值的唯一因素，支付方式、并购条件、被并购企业价值等都在成本价值中占据了举足轻重的地位。支付方式的选择与最终的交易成功与否紧密相关。实践中，企业用得较多的并购支付方式主要包括以下几种：现金收购、股权收购和综合证券收购等。随着时代的发展，并购支付方式由最早的现金支

---

① 白安林. 企业并购交易价格确定及支付方式选择研究［D］. 首都经济贸易大学, 1998.

付，发展到包括股权收购和综合证券收购等。企业可以根据融资能力、资金流动比率、投资需要等具体的情况综合考虑多种支付方式的交互使用，但是支付方式并不是由主并购企业说了算，还需要在并购条件谈判时与被并购方协商决定①。

（1）现金收购。现金支付是支付方式中最便捷、最普遍的支付方式，在并购中，大部分的并购都是采取现金支付方式。常规的现金支付是指交付一定数额的现金给被并购企业，以此获得该企业的产权。只要和发行新股票没有关系的支付方式都被算作现金收购，如用票据（作为一种由出票人签发的、约定自己或者委托付款人，在见票时或指定的日期，向收款人或持票人无条件支付一定金额的有价证券）支付也属于现金支付的范畴。票据虽然推迟了支付现金的时间，但是并不含股东权益，被并购企业可以凭借票据，对支付方式保留请求和追索权，票据一旦经过承兑收款人后就和票据出示人银货两讫各不相干。现金收购最主要的特点就是必须在短时间内支付约定金额的现金，故而对支付方的即时支付能力有较高的要求。所以采用现金支付前一定要考虑企业的资本结构资金所占比率是否合理，仔细权衡现金回收与现金流出之间的关系。

（2）股权支付方式。股权并购简单地说就是，主并企业以卖股票的方式获得现金支付并购成本，这里的股票其实就是被并购企业的股票，只是所有权交给主并企业，由主并企业稀释变成本企业的股票后，再卖出去。可能大部分被并购企业原来的股东还是持有原有的股票，因此原企业的股东们仍然占据最大的股东地位，当然还是有些股票被其他的股民所购，主并企业虽然没有股权，但却成为整个企业的掌控者。被并购企业的股东虽然没获得多少现金，但是他们拥有被并购企业的股权，可以享受税收优惠，获得股价上升带来的收益，也可以出卖股权换取现金。可想而知，股权支付方式中最大的

---

① 郑艳军. 企业并购的定价及支付方式［J］. 冶金财会，2005（3）：9-10.

受益者就是主并企业，不需要花大量的资金，没有融资风险和负债压力还可以免征资本收益税。既转移了风险，又不形成资金成本，轻轻松松就拿到了被并购企业的经营控制权。

（3）综合证券收购。综合证券收购是指，主并企业对被并购企业提出收购要约时，其出价的最终支付形式是以现金、股票，而且还有认股权证、可转换债券和企业债优先股等多种组合兑现的。这种相对于股权收购最大的优势就是不但可以免除大量现金支出带来的各种烦恼，还可以有效防止控股权的转移。由于每种组合方式带来的结果都不一样，它对并购双方的利弊也不相同，不能简单地进行衡量，尽管会使并购交易变得烦琐，但它也增加了风险套利的难度，正因为其出资方式的灵活多变，各种证券的权重能做到随意的匹配，在一定程度上能为并购双方带来可观的利益，所以越来越多的企业都乐意采用此类并购支付方式。当然，"尺有短寸有长"，带来好处的同时也会伴随着相当程度的风险，一旦各种证券的支付比例搭配不当，非但不能尽各种支付工具之所长，反而有集它们之所短的可能，如此将给并购双方带来不小的损失。所以此类支付方式中不同证券的权重的设计必须经过谨慎细致的思索、权衡，必要时应作模拟分析以推测市场的反应。

第三节　对目标企业的接管整合

一、房地产企业并购整合的原则

房地产企业并购整合是一项非常浩大的系统工程，所包含的事物纷繁复杂，以下是整合时应该注意的几项原则：

1. 系统化原则

从系统的角度来看待整个整合工作，综观全局，以系统的观点协调和综合各方关系，把握整体和局部的紧密联系，使组织的结构与功能相匹配，以保证整合后各个部门衔接流畅。既独立，又统一地高效运转，避免产生内耗和规模不经济现象的产生。

由于房地产企业并购整合涉及法律、财务、文化、管理、信息、网络、技术、资产、人才等多个领域。各个环节又都相互关联，任何一个环节的疏漏或失误都可能牵连到整个活动的失败，甚至造成巨大的经济损失。所以整合一定要注意系统化[①]。

2. 以核心能力为中心的原则

主并企业这么做是为了达成最终的目的，也就是提高本企业的竞争力和市场地位，实现企业价值最大化，而想要获得竞争优势就必须拥有强大的核心竞争力，所以借助并购拓展和提升企业核心竞争力才是关键。

3. 充分沟通原则

企业在并购整合时，涉及两个企业众多人员的调配和解雇问题，难以避免地会触及一些人的利益，尤其是被并购方的员工，大部分人员都面临被辞退的风险。再者，在整合目标企业的过程中，还需要目标企业人员的大力配合，只有进行全面、耐心而有效的沟通，让他们充分了解企业的安排，协调各方的利益，解除他们的担忧和顾虑，才能减少不必要的摩擦和矛盾。团结所有的力量加入到企业的整合中，才能高效地完成并购整合，最小化企业并购整合成本。

二、确定整合关键人物——整合经理

通常意义上的房地产企业并购整合对任何一个企业来说都是一项大型经

---

① 全进. 战略导向下的中华企业并购与管理整合研究 [D]. 复旦大学，2007.

济活动，牵涉的人员、部门等利益群体众多，整合过程中涉及各种方案和问题的决策，尽管有专业的人员团队，但他们很容易因为专业的局限性，偏于一隅，所以还需要确定一个能够统领全局的人，对整个整合活动负责。我们通常把这类人称作整合经理，整合经理的职责范围限定如下：

（1）充当并购双方的信使，传递整合信息。

（2）组建专业整合团队，并代表主并企业展开整合工作。

（3）作为整个整合活动的负责人向各利益相关者发布整合信息，作出承诺。

（4）代表并购双方与政府监管机构等第三方交涉。

由上文我们不难发现，整合经理作为整个整合工作的灵魂人物，来往于并购双方以及政府、咨询机构等第三方机构之间，时刻关注整合活动的进展，收集各方意见，对活动中的每一次决策负责。在整个过程中，整合经理综观全局，领导着专业的队伍，周旋于主并企业、被并购企业、政府机构、客户、供应商等所有利益相关者之间，努力推动着整合工作朝向预期的方向调整、改造，积极地与各方沟通，发现问题解决问题，消除一切障碍，促成计划目标的达成。同时，整合经理还担任着权威发言人的角色，与外部的所有相关体展开良好的沟通，建立互利双赢的伙伴关系。

一般来说，在房地产企业并购的整合过程中整合经理必须承担以下职责：

（1）组建包括双方负责人和相关专家等的核心整合团队。

（2）制订合理的整合计划并加以实施。

（3）全盘掌控整合工作进程，出现问题及时作出调整和完善。

（4）融和企业间的文化差异。

整合经理并不一定是主并企业的人，并购双方可以互相商讨，可以招募优秀的有工作经验的专业人员来担当整合经理，也可以在被并购房地产企业中挑选符合条件的人来担当。

三、系统化的整合

1. 组织结构整合

组织结构整合是指并购后的企业在组织机构和制度上进行必要的调整或重建,以实现企业的组织协同,并购后公司要进行组织整合,重建企业的组织指挥系统,以保证企业有健全的制度和合理的组织结构,从而实现重组双方最佳的协同效应,降低内耗,提高运作效率。

很多公司的并购之所以没有成功,往往是因为只在形式上完成了合并,没有根据实际情况进行相应的人力、组织结构等的调整,导致人员流失、绩效下降,初定目标难以达成。在企业并购中,采取先融合后整合的思路,能够给两个企业以磨合的时间,保留部分原有机构可以让员工逐渐适应并购带来的变化,减少了人员流失,从而防止绩效下降。突出主要业务,调整部门设置,能够继续强化主要业务,保持企业的核心竞争力。根据并购企业的经营战略,考虑并购双方的行业特点、产品种类、企业规模、技术复杂程度、专业化水平、双方企业的地理分布以及双方的管理人员的素质等因素,设计一个合理的组织形式,不必完全拘泥于原有的组织结构。

组织结构整合应注意以下问题:①有关组织结构、关键职位、下岗、重组及影响职业的其他方面的决定,应该在并购交易签署后尽快制定、宣布并执行,不要让焦虑和怀疑分散员工的注意力,从而影响企业绩效。②及时、定期、充分和被收购公司人员,包括管理层、中层或下属公司管理人员及一般人员的沟通,可以掌握被收购公司的动态,稳定现有业务,保证企业平稳过渡,并从中发现未来可用之人。③组织结构整合要保证灵活管理的要求,一方面保持为完成固有战略任务而建立的组织机构,另一方面要建立为实现新战略任务而必需的组织结构。但灵活并不是要企业无休止地进行组织结构调整,同时要注意调整后的组织结构不要扩大化,这样企业才能充满活力,才能适应环境变化。

2. 财务整合

财务整合由财务管理目标的整合、财务管理制度体系的整合、会计核算体系的整合、现金流转内部控制的整合四大部分构成，具体如下：

（1）财务管理目标的整合。当今时代大部分企业的财务管理目标，要么是股东财富最大化，要么是企业价值最大化。而企业并购扩张追求的就是提高整个企业的竞争力以及长期稳定可持续发展，所以其财务目标基本都是企业价值最大化[1]。

（2）财务管理制度体系的整合。财务的稳定是公司正常运行的关键，混乱的财务状况非但会导致企业利益的损失，还会危及整个企业的存亡。所以，必须有一套科学系统的财务管理制度体系。因此在整合并购企业时，确保财务管理制度体系合理有效整合至关重要，它直接关乎并购的成败。

（3）会计核算体系的整合。作为整合财务制度体系的具体保证，会计核算体系的整合既是主并企业精准、快速取得被并购企业信息的关键途径，更是统一绩效评价口径的基础。想要实现并购双方营运作业的合并，账簿形式、凭证管理、会计科目等必须保持一致，以达到业务上的融合。

（4）现金流转内部控制的整合。财务整合的主要任务就是满足并购后经营调整、组织调整对资金的需要，现金流转内部控制的整合是为了实行一体化的资金运作，能够对目标企业的资金使用进行严格的控制与合理的调配，以提高资金使用的效率。

3. 信息系统整合

每个企业都有其独立的信息系统，信息资源犹如源头活水，贯穿整个企业，为企业带来各种各样最新的资源信息，以及促进企业各个环节的流畅衔接，一旦信息系统瘫痪，企业将如一潭死水，毫无活力。企业信息系统整合首先解决的是信息系统内部的结构和使用效率问题，两个企业的优势互补，

---

[1] 张春霞. 房地产企业并购后的财务整合分析［J］. 会计学习，2018（7）：64-65.

可以优化信息系统内部结构,对并购目标企业的信息系统化整合是否成功,关系到两个企业能否有效融合、系统化运行。整合信息系统有利于系统化综合利用信息资源,提高信息利用效率,节省信息获取成本。

信息系统整合措施主要包括以下两个方面:

首先,建立统一办公自动化平台。建立统一的办公自动化平台是信息系统整合的最初形式。通过统一的办公自动化平台的建立,实现包括公文流转、电子邮件、会议管理、计划管理、任务派发、日程管理等日常办公数据的自动传输和交换。

其次,利用信息整合技术整合信息系统,去除无用的,留下有效用的并加以集成强化,消除信息孤岛,使企业信息系统形成互通互联的整体,进而有效管理和综合利用企业的信息资源,为企业领导提供定制信息、提供综合经营报表、提供多种数据,为企业领导决策提供依据。

4. 品牌资源整合

品牌包括企业品牌和产品品牌。企业品牌代表的是企业的整体形象,标志着企业的信誉和竞争力等,企业品牌只是相对于某一种产品品牌而言,通常是因为该产品在质量和品质上有一定的保证等,才形成了正面的产品品牌。品牌是一个企业永恒的竞争力,没有品牌,一家企业或一个产品就难以在市场上取得竞争的主动权。企业品牌依附在整个企业,包括新产品在内的所有产品上,而产品品牌则一直伴随着该产品而存在,只对一种产品有影响力。

企业品牌和产品品牌是相互影响的。单个房地产项目依靠超前的设计理念、高标准的建造质量、超值的享受可以在提升产品品牌的同时,取得消费者对企业品牌的认可。同样在企业品牌的影响下,产品品牌更容易获得消费者的认可。

并购企业时可以借助恰当的市场宣传,整合企业的品牌价值,根据对产品品牌的客观市场价值评估,选择产品品牌的去留。当被并购企业品牌的总体市场价值低于主并企业的品牌价值,但在某个特定的市场上却拥有更大的

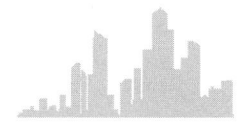

影响力时，可以保留其在该特定市场的产品品牌。如"古北集团"品牌在上海古北高档住宅区享有很高的知名度，在并购时应对该品牌予以保留。

产品品牌的目的是销售，客户长久的依靠需要企业品牌来营造。立足企业层面的形象是品牌整合的关键：首先，消费者对产品品牌的认知度建立在公司品牌的基础之上，品牌整合意味着重塑消费者对企业的认可。其次，品牌整合的过程是让市场、客户、股民清晰了解企业优势和企业战略的过程，一个企业的产品观和客户观在这一过程中得到推广和强化。再次，品牌整合的过程是公司、项目共同进退，步调一致，有节奏地实现品牌互动的过程，要保持市场上始终有品牌的声音，亮点持续，另外集中的采购、统一的营销推广，使项目品牌资源互助互利，有效地节约了成本的消耗。最后，贯穿在品牌整合始终的是各个社区间的互动，特别是老客户和新客户的互动，实现了对意向客户的品牌传播。

5. 文化整合

企业文化是指企业在实践中，逐步形成的为全体员工所认同、遵守、带有本企业特色的价值观念，是经营准则、经营作风、企业精神、道德规范、发展目标的总和。企业文化是一种无形的力量，在企业的日常运行中发挥着极其重要的作用，既能作用于有形的制度体系，提高其运作效率，又能在思想道德上约束员工的行为。可想而知，文化整合这个环节对整个并购来说不可小觑，并购后促进双方在文化上的融合也是整合环节的重中之重，分析两个企业文化的优劣势然后取长补短将不合理的部分解构后重构，这一过程包括三个阶段：

（1）比较分析：对照两个企业的企业文化，比较两者的长短优劣，分析整合的可行性。

（2）沟通融合：相互沟通讨论制定有效的方法，解决企业文化不合理的部分，进行初步整合。

（3）创新再造：融合各方的优势发展和创造新的企业文化模板，并将新的文化灌输到企业中。

6. 人力资源整合

作为推动企业正常运营和发展的核心资源，人力资源的整合是否成功对房地产企业最终能否低成本、高效率地完成并购起着举足轻重的作用，其整合工作主要存在于以下两个方面：

（1）确定目标企业的主要管理人员。通常在并购中，主并企业由于找不到合适的负责人，一般会留用原来的高层管理人员或从本公司调用优秀管理人员，来管理被并购企业以便维持企业的正常运行。还可以根据需要聘请一些更具实用性和管理才能的人来担任主管。

（2）稳定人心，凝聚人才。目标企业被并购以后，随着经营权的转换，企业内部员工也会发生一定的变动，所以大家心里难免担忧，害怕被解雇，担心未来，没有方向感。在这种情况下，就需要快速、高效地解决工作人员的去留问题，以稳定人心；向员工传输新的经营理念、企业发展规划，使员工对企业有个整体的了解，以培养集体的向心力；制定一套新的、符合公司发展规划和目标的人力资源管理方案和策略，在原有的基础上根据实际情况建立新的考核体系和激励机制，以充分调动人员的工作积极性和主观能动性，这是维持生存和发展的根本保证。

第七章 可能遇到的风险及法律问题分析

风险的含义在于，当某一组织在进行目标的实现过程中，可能会受到一些影响，并且这些影响是发生在一个特定的条件和时间内的，这些影响发生的可能性和造成的某种经济损失都具有不确定性。其中，不确定性主要存在于三个方面，包括发生的可能性、发生的时间与地点的可能性、程度大小的可能性。就企业而言，风险指的是预期报酬无法达到或未来可能会出现价值损失的情况，可以理解为投资收益的不确定性。在风险的类型方面，企业主要会遇到法律和政策方面的风险、经营方面的风险以及财务方面的风险。其中，财务风险中最重要的部分就是融资风险，也就是企业在进行筹融资时会遇到的风险，例如融资成本高或融资失败的风险等。

1964年出版的《风险管理和保险》一书中，提出了风险控制的相关理论，表明风险的识别、衡量、控制决策以及评价是风险控制的主要方式，试图将风险损失通过最低的成本降到最低。在当代理论中，风险控制的基础是风险识别与衡量，通过对企业的各种风险因素进行分析，利用控制技术，达到减少甚至消除风险危害的效果。

第一节 并购重组前所需重点关注的风险事项

一、财务风险

我国房地产企业所面临的财务风险主要是定价、融资和支付的风险。在定价风险上，若对目标企业有失准估值的情况，那么企业势必要承担相关损失；在融资风险上，资金来源风险是其主要组成部分，对目标企业的债务负担保持一个清晰的认知是十分必要的，否则会对企业的生产产生影响；在支付风险上，选择合适的结算将帮助企业避免很多可能触及的法律问题。

作为风险管理的重要一环，有效的财务风险管理会帮助企业在防范和控制财务风险方面有所建树，因此财务活动的有序运作就会得到保证，而降低损失、提高收益的目标也会得以实现。风险的识别、评估和控制是财务风险管理的相关环节，其中对财务风险的度量是最为重要的一部分。财务风险可以首先通过科学度量，以识别严重性，而后则可以科学及时地控制财务风险，控制成本和收益最大化是企业展开财务风险管理的目标。企业的财务风险的管理几乎会涉及企业中的各个部门和员工，全员参与是财务风险管理的必要条件。财务风险的防控只有在全员参与的情况下，才能保证风险信息被全面地收集，也才能在第一时间发现风险并控制风险。

房地产企业的主要服务内容与房产相关，其特点就是对现金流的需要比较大，但具体需求量又是不确定的，同时现金流的分布不是很均匀，而资金的周转时长，又容易受到宏观调控的影响。

1. 现金流量极大

从投标拿地开始，到中期工程建设，再到后期宣传影响，房地产企业都需要大量的现金投入，而在没有取得房产预售许可证之前，公司在开展项目时只能使用自有资金以及财务杠杆方式借入的资金。然而房地产企业的自有资金一般有限，当现金流需求较大时，只能采取大量借入资金的方式。这样一来，企业在财务上就要承担更多的风险，房地产企业的准入门槛也就相应提高，企业筹融资的难度也就加大。

2. 现金流量的不确定性

对于房产项目而言，其开发成本是不固定的，容易受到土地出让金、建筑成本和人工成本等因素的影响，对其的预测是比较接近真实的使用金额的。但是当房产建成后，其销售价格就容易出现巨额波动。若在销售的过程中出现了实际价格增长大量超过预测价格的情况，那么企业对于现金流的需要就会很大，也会获得丰厚的利润。但如果在销售的过程中，出现了如宏观调控等因素的影响，使实际价格与成本相等或与成本有很大的差距，那么房地产企业就会面临相应的财务风险。

3. 现金流分布不均匀

因为房地产行业周转时间较长，所以现金流出量在企业进入房地产项目时会比较大，现金流入则主要发生在房产的预售期。然而房地产的销售期一般较为漫长，其资金流入不是非常集中，这就促使房地产企业通过抬高房价来达到尽快收回成本的目的。

4. 资金周转时间长

房地产的建设是比较漫长的。从项目启动到图纸的设计、施工建设、销售与营销，都具有很大的工作量，需要很多的部门甚至企业达成合作，同时巨大的资金投入也加剧了资金的机会成本。

5. 易受到政策的影响

房地产行业事关民生问题，并涉及很多关联行业，所以其发展会对经济产生比较重要的影响，因此对于房地产行业的发展问题，国家层面对其是较为重视和谨慎的。一方面，房价过高会造成资本泡沫，阻碍实体经济的健康发展，让人民失去买房的能力；另一方面，房地产市场如果过于低迷，会对地方经济产生不良影响，导致失业率增加，甚至使社会上出现更多的不稳定因素。我国政府一直以来都致力于对房地产市场进行良性引导。

二、项目风险

对房地产企业进行并购重组的工作是比较复杂烦琐的，一般来讲房地产项目的规模都比较大，涉及的金额也很高，而且很多房地产企业本身是有项目的，所以与并购重组相关的项目管理若没有做好，也会使企业蒙受损失。同时，若未能有效解决项目中出现的问题，就会造成资源浪费，更无从谈起优势互补和整合资源发挥优势了。所以，必须对房地产企业的项目管理工作严格要求。

与其他投资的风险不同，房地产的投资风险不仅包括损失，还包括盈利，投资活动的实际结果和期望值之间存在的偏差就是其本质。在对房地产投资风险进行管理时，除了注意减少损失外，还要提高获得经济效益的概率，使损失最小化就是最基本的目标。我国房地产项目投资管理体制一直处在不断完善和创新的阶段，一系列的措施也已经出台。但随着我国房地产市场开放性的逐步加强，房地产项目需要面对的因素变得越来越多，各因素之间的关系也非常复杂，所以房地产项目的风险性也处在较高的水平，损失的规模也在一直扩大。目前，我国房地产保险市场的完善工作正在进行，完善的风险约束机制也正是房地产行业的迫切需求。房地产项目现存的风险主要是质量风险和投资风险。

1. 质量风险

在长期的研究中可以了解到，房地产项目的质量风险主要由以下几项作用而产生：①参与房地产项目的人员素质整体不达标，各部门中存在人员责任意识较差，使项目质量在很大程度上受到不良的影响；②设备材料未能达到项目的标准，或在项目的开展过程中因环境的变化而引起的材料出现质量问题；③项目的设计与工艺不符合当地的标准或要求，甚至施工的工艺出现不健全、不达标等问题，最终引发质量风险。

2. 投资风险

房地产项目的成本风险其实就是投资风险，因为房地产项目会涉及很多部门和行业。较为复杂的工程，需要充足的资金，所以房地产项目的成本自然较高，而如果想收回成本赚取利润，那么项目就必须按计划投入使用。投资风险是房地产项目风险中的重要组成，导致投资风险的因素有三个：①设计方案出现变化，当项目在开发和决策阶段存在一些失误时，势必要对原有方案进行修改和更正，但因此而产生的项目成本就成为企业需要承担的一种风险；②项目建设期的施工条件具有不确定性，这是因为项目施工地区是不能确定的，相关的事物也会随时发生变化，那么当施工条件出现改变时，就需要增加相应的投资予以支持，投入可能就会高于预期；③社会经济环境发生变化，即当材料、人工和设备等的市场价格发生波动或国家的政策方针发生改变时，项目的成本就会受到直接影响，进而形成投资风险。

三、整合风险

在房地产企业进行并购重组时，相关的各种规章制度一定会有相应的调整，因此企业内部就需要做出相应的整合。原有房地产企业的人员会因为管理模式的转变而产生抵触心理，因此需要一定时间来缓解这种情况。同时，企业目标的转变和新的企业文化的冲击都会让并购重组后的新公司面临人力资源整合方面的问题，需要管理人员增大投入的精力。

1. 经营战略整合

并购重组的双方在各自的战略层面基本上都具有差异性。在我国，房地产企业必须根据并购企业的战略目标和倾向来对并购的过程进行战略整合。例如，其战略出发点与侧重点是获得规模经济，那么在整合过程中就应把节省单位成本和过多的产能作为重点；如果其战略倾向是实现产业链的垂直一体化，那么就应该在并购的过程中把并购双方企业的互补性作为重点；如果其战略目标是以核心竞争力为中心,并致力于不同业务,那么并购时就应该把范围更广的业务涉及面作为重点,最终实现横向联合的目标。

2. 有形资源整合

房地产企业进行有形资源整合时,其内容大致包括企业所拥有的土地、厂房、人员和技术等。资产与债务、生产经营、管理系统与组织机制之间的整合是主要的任务。然而在并购完成后,之前存在的竞争或合作的关系就因为双方实力的变化而发生逆转。这样一来,收购方就应将"多赢"作为中心,通过相应的方式取得合作伙伴的信任并延续合作关系,并且尽量在并购后不损害本属于对方的利益,尽量为对方提供新的利益。

3. 无形资源整合

在无形资源方面,房地产企业主要具备的是知识、关系、技巧、文化和声誉等无形资源。这些无形资源都是稀缺的,代表着企业若想获得一定的经济价值而所必需的投入。而无形资源的整合则主要包括两个方面,一是文化整合,二是人力资源整合。文化整合在房地产企业中占据着重要地位。因为企业的文化就是企业的灵魂,员工会受到企业文化的引导和影响。不同的员工会有不同的价值观、偏好、习惯和期望,那么当他们在一起工作时,就需要企业文化对他们进行引导,使他们避免产生冲突。企业文化整合的成功会使企业的并购重组真正成功,其中双方成员也会全然接受并购的结果,并在日后逐步加深了解与信任,达成共同的目标。因此,将文化整合放在首要位置是企业必须要做的,并购双方在文化整合中具有同等的地位,若一方执意获得强权,那么未来就极有可能会出现严重的问题。

并购后是否能整合成功,关键取决于文化整合。因地域等差异造成的文化差异是存在于并购双方之间的,而且双方的员工因强势心理的作用,会对另一方的文化持不认同态度,因此要多沟通、多协调,以缩小文化差异。企业之间的文化融合并非单纯的叠加,也并非敌对融合,取而代之的应是建立全新的文化。并购方不应让对方觉得自己受到歧视,应形成相互尊重的关系。作为并购方企业，要十分了解被并购方企业的文化特点和独特性，取其精华、弃其糟粕，将其优势部分整合到新的企业文化之中。此外，并购方也要针对自己的企业文化进行一些客观的分析，及时更新自己的文化，剔除不好的部分，力争达到双方均满意新的企业文化，并达成并购目标最大的目的。

对房地产企业而言，其企业文化的特征主要有两个：第一，隐匿性，即企业文化的形成与员工的内心想法相关，并且这是一个不易被觉察到的过程。第二，路径依赖性，即"惯性"，是指企业文化在形成之后就基本不会在短时间内出现变化。在上述两个特征的共同作用下，房地产企业的并购过程就表现出宽容和耐心。

所以，房地产企业在文化整合时，企业的决策层应担当起重任，尽量缩小并购企业之间的文化差异，尽早沟通和解决问题，缓解人员的不满和抵触情绪，将信任建立在企业的层次之上，树立起企业的共同价值观。当企业除了单纯地代表其企业本身，同时还在更大程度上代表着一种文化时，员工在企业所收获的就不仅是薪酬，更多的是一种对文化的认同感。只有这样，并购双方的企业才算是真正地合并了，那么并购的初衷也有了实现的可能。

人力资源管理对房地产企业文化有着很重要的影响，作为最重要的因素，它在文化的构建、培育和发展中都发挥着作用。资产、技术、市场以及对客户进行整合等工作均需要人力方面的努力，所以若人力资源整合没有被很好地掌握和运用，那么并购整合的任务就很可能失败。若出现了人力资源整合不力的情况，双方的高管与员工出现了矛盾，那么企业就无法集中好人力资源，双方的人力资源优势也会逐步消失，最终两败俱伤。所以，并购是否能真正地成功与人力资源整合的成败有着很大的关系。留住人才、稳定人才都是整合人力资源的重要步骤，这样人员动荡的问题就会得到很大的缓解，人力资源管理的首要问题也得到了解决。房地产企业不应在完成并购之后，对人力资源马上展开调整，而是应该先了解情况，充分熟悉员工的能力后，再结合相关的考核，进行职位与职务的分配。通过这样的方式，员工才能真正为企业做出贡献，同时员工之间的竞争意识也会有所提升，员工的潜能就会被挖掘，最终使并购双方人力资源的优势最大化地发挥。

房地产企业应重视人才，并争取留住人才，同时也要让人才知道企业的这种意愿、未来发展的前景以及企业的相关政策。企业领导应在这方面保持积极的态度，与员工多加沟通，了解员工的心理动向和需求，真正为员工解决问题、消除疑虑。尤其应对被并购方的员工持尊重态度，让他们感受到公平。只有这样，企业才能真正留住人才。

四、政策风险

一方面，在我国市场经济的企业中，房地产企业虽然占有很高的地位，但在目前的宏观市场经济调控的大背景下，房地产企业并购重组极易被各种不确定性因素影响。另一方面，我国经济目前正处于产业优化升级与结构改革的至关重要的环节，这也正是市场环境日益复杂的主要原因。由于房地产经济泡沫迹象给政府造成了一定的危机意识，政府要时刻保持警惕，因此不断加强对房地产市场的调控力度。综上所述，房地产企业倘若在并购重组中，不能完备了解宏观调控政策，无法发挥出并购重组优势，也有可能会为宏观调控政策所制裁，造成制约发展、运营资金链断裂等各种风险。

与此同时，为保持房地产行业的稳定、健康发展，国家及地方政府根据经济发展需要，在一段时间内采取一系列的宏观调控政策，这些调控与变化势必会增加房地产市场投资者和房地产企业损失的可能性。

根据目前房地产行业自身发展的趋势及特点，投资大、周期长、资金回笼慢等因素一定程度上制约了房地产开发经营等一系列活动。与此同时，滞后性等因素仍存在，在市场定位、房地产企业的决策、国家的政策调整之间，政策变动对房地产行业直接造成一定程度的风险。不得不说，我国房地产行业相较于其他国家起步较晚，时至今日，我国房地产行业在短期内依然会处于发展的初级阶段。造成这种现状的因素众多，比如：尚未完善的市场机制、有待健全的行业内法律法规等。因此，政府完备、健康、和谐、有序、公正、公开的一系列政策手段，有助于促进房地产行业有机、稳定、和谐、健康地发展，更是房地产企业发展的风向标。

整理我国近年来发展路径，不难发现，我国政府近年来的宏观调控更集中于区域经济的协调与发展以及产业结构调整与升级。我们都知道，经济体制改革的广义定义是，对产业之间的比例进行调整和资源的分配。

第二节 相关方案的选择与有关建议

一、融资方案的选择

1. 房地产企业融资解决方案

上文中曾提到，房地产企业在经济市场中与其他企业别无两样，都会存在一些例如长短期借贷、发行股票债券、融资租赁等各式各样的融资手段，但在政策规定方面，长短期借贷、发行股票债券、融资租赁等手段会受到一定的限制，因此这些手段对大部分有待融资的企业来说是难以正式实施的。

企业借款分为出让权益性的借款和银行贷款。在控制融资成本的前提下，企业往往优先选择银行贷款。与此同时，银行金融系统出于对风险的宏观把控，提高对企业放贷的标准，降低除市场风险并控制那些除有足额的抵押或连带责任担保以外的企业自身贷款的成功率。

通过分析多数房地产企业中的财务特点以及资金结构发现，在资金成本低于项目投资回报的前提下，一定程度上结合"优先融资顺序理论"，我们制定了一个较为符合现有市场的融资顺序，企业会尽可能依靠自身内部资金筹备，在内部资金筹备尚不足的前提下，企业会试图向银行申请抵押贷款，最后才会接受权益性借款。以上所提到的企业顾虑也正是目前国内金融市场中债券发放率依然徘徊在 50% 的根本原因，一个完备的经济市场对债券及权益性贷款发放的需求远不止于此。

2. 杠杆收购过程中办理融资过程的要求

杠杆收购发生在房地产行业融资过程中时，银行对风险控制的要求应是企业考虑的重中之重，并综合银行存款在银行风险控制过程中不可替代的作用。另外，与有长期合作关系的银行进行合作更有利于收购方企业，这也是对收购企业自身条件质量和水平的考验。

在进行杠杆收购期间，收购方企业应综合考虑银行在各风险控制阶段的考量要求，尽可能完善与被收购企业和第三方之间达成一致的合同协议，尽早明确银行对风险的控制程度。与此同时，在方案设计阶段，收购方企业就应该与银行项目经理有良好的细节接洽，尽可能将其放在较为重要的位置上，并使之参与到项目方案设计之中。基于此，方案的进展与银行的要求就可以在协同一致的境况下引导项目合理良好地发展。

在资金安排的问题上，收购方企业要合理采纳银行的意见，并主动积极地对银行的抵押贷款资金进行封闭管理，在此基础上，就可以使银行对每笔资金的投放路径都有宏观掌握，进一步使银行对资金安全性有更为全面的保障。

在收购方企业与银行洽谈合作事宜的过程中，双方应展示自己的积极姿态。例如：签订项目开发后期所涉及的个人住房按揭贷款业务、后期服务工资结算业务（如物业等），达成一定程度上的深度合作，做到互利互惠。

二、金融环境的制约

我们都知道，企业融资一般有通过发行股票和发行债务融资两种方式（长期负债融资和短期负债融资），也有一部分企业会采取民间私募或定向募集的方式。多数中小型企业面对我国现有的经济市场中的融资问题时，相较于发放股权，它们更倾向于选择向银行或者其他金融机构申请债务融资，因此出现了一系列融资困难问题，我国当前中小企业融资困难的原因主要包括：

（1）财务方面。目前多数中小型企业财务实力以及信用度方面表现欠佳。不动产抵押方面，中小型企业正处于上升爬坡阶段，不动产资源有限。与此同时，大型企业也罕有意愿成为其保证人，金融机构自然对中小企业的融资更为谨慎。

（2）产权方面。发展期间的中小型企业尚未构建清晰的股权结构，加之市场情况瞬息万变，中小型企业很容易被动地从卖方市场转向买方市场。因此，中小型企业负债率提高，贷款风险显著增加，金融机构从经济发展、风险控制的角度自然慎贷、戒贷。

（3）规模方面。中小企业有着较为灵活的资金周期，这也是现在中小型企业贷款量不多的原因。但从频率、成本角度无法降本，因此在经济市场中，银行即使对中小企业贷款，也不能取得理想的经济收益，它们更倾向于把资金投向绩效良好的大型企业。

（4）沟通方面。中小企业机制尚未完善，与金融机构沟通效率欠佳。在申请信贷的同时，金融机构需要调用大量的人力、物力以及时间来避免以及削弱两者信息不对称情况和企业的信用状况。这样一来，金融机构对中小型企业实际贷款的周期受理基数及受理手续等影响变得更为冗长，中小型企业对资金的短期紧急需求根本无法满足。

（5）体制方面。我国现有经济体制尚未健全，政府最新出台的信贷政策也缺乏实际的考量标准。

通过对现状分析，不难总结，现如今我国中小企业的融资难度大而金额小、融资干扰因素众多，对财务结构造成了较为不良的影响。因此中小型企业不得不将目光转向民间资本以及面向股东的个人借款，这些资金从计息角度与银行借款差别颇微。但优势在于，这些资金多为短期借款，满足了中小型企业的需求——款项数目够大。虽然短期负债多而造成了权益资金减少。但与此同时，由于长期借款所占比重降低，中小企业长期资金中弥补固定资产资金缺口所占比率下降，进而弥补缺口的主力便转移至短期负债，极大程度上加大了财务危机的可能。从成本角度，中小企业无法从金融机构获得理想资金，相较于大型企业，其他途径获得资金的成本更高，这也使企业财务结构不健全，并连带阻碍企业的经营业绩的上升。

因此，对金融机构的考量角度提出以下建议：

（1）盈利方向。在保持贷款现有基本利率稳定的情况下，与企业制定协议过程中，一定程度上增加如部分分享企业在未来一定时间内的经营成果等，以此激发金融机构提供长期资金的主观能动性。

（2）互利方向。金融机构可派遣人员，给予企业经营管理的辅导和支持。基于此，中小企业市场竞争力加剧，优胜劣汰会集中体现。如金融机构可以帮助中小企业建立更为完善的财务管理与会计制度等，这样也有利于金融机构从经济角度对中小企业进行宏观调控及财务报表等。

（3）考量方向。构建标准化的以比率分析为主计算贷款风险度的方法，并建立动态风险估量方法，以综合考虑企业融资风险等指标。

三、对房地产企业相关建议

排查法律漏洞，有风险应对措施，防患于未然。与其他产业不同，房地产并购手续极烦琐、标的物价值高、履约周期难以确定，在并购发生过程中纠纷很容易显现，处理方式稍有不当将会给企业带来无法逆转的损失。律师团队应当发挥专业知识，在接受委托从事法律调查的同时，从公司长期发展角度出发，排查下列注意事项：

1. 落实客观、审慎、主次分明原则

所谓客观，即不偏袒、客观公正，不以委托人个人情感意愿等的改变而动摇意志，冷静客观地判断，指明收购过程中存在的风险。所谓审慎，即接受委托的律师应当勤勉尽责，审慎完成核查与验证工作，以事实为基础，根据法律、法规客观判断。所谓主次分明，即受委托律师应当结合当地实时

房地产价格浮动特点，有明确的调查目标，突出调查中的关键事项，有所侧重，充分分析个案，对症下药。

2. 提供真实的、合法的、完整的相关文件

眼观六路耳听八方，排除一切可能影响收购的事实及材料，并保证客观、审慎、主次分明。受委托律师应当重点排查材料及事实等信息的真实性、合法性、完整性，以保障较高的可参考度。

3. 实时关注转让方股权与资产权变动情况

实时监督采用股权收购方式的目标公司股权权属及演变情况。一方面，核查股东初期出资比例在经营中是否曾有过小幅度的股权转让行为，极大程度上避免不利影响；另一方面，核查股权转让状态，排查拟收购股权是否存在被冻结、质押、抵押及各种限制股权转让的情形。

4. 注意排查隐形债务，充分调查公司负债等资金流动情况

受委托律师以多种渠道调查目标公司是否存在隐蔽的、不确定的负债情况。问询方法不固定，渠道众多。如查阅目标公司牵涉的重大法律纠纷或仲裁案件；审查经营管理层会议记录文件，问询相关知情者线索等。综合以上多方调查的同时，还要要求受委托人员调查完备、对目标公司负债情况有较为完善的掌握，以便雇主公司准确判断收购目标公司的风险。

第三节　拟订协议的具体执行方式

房地产企业的并购本质是吸收被并购企业所开发的房地产项目。在土地"招、拍、挂"市场竞争日益激烈的现状下，市场化的房地产项目收购方已经成为房地产开发企业行之有效的拓展方式。如何快速获知、分析、锁定和受让项目，成为众多房地产开发企业的重点研究领域。了解和掌握房地产项目

收并购全过程中各个实操要点，不仅是大型房地产开发企业的需求，更是中小开发企业迫切需要解决的问题。

拟订协议应从项目来源可靠性、项目资料分析、项目可行性研判、交易方式、税筹思路和合同法律风险点等不同角度，全方位、系统性地展开。

一、房地产收并购项目交易方式分析

1. 交易方式选择

交易方式选择方面，仅从目前主流的交易方式——股权交易做分析。股权转让目前仍然是主流的交易方式，一方面是处于税筹的考虑。如无须缴纳土地增值税，还可以通过搭建税收优惠地的 SPV，实现所得税的税筹。另一方面对比其他的交易方式（如资产转让、企业分立、不动产出资入股等），股权转让方式更加快捷，周期短，也会整体降低收购方在整个项目开发过程中的周期，从而实现快速资金回流。目前，融资成本已大幅上升，如何快速获取项目、开发项目，从交易方式的选择上就开始环环相扣产生影响。房地产开发企业最终要实现的目标都是降低成本、增加收益。

2. 交易环节关注点

在交易环节关注点方面，需要特别注意的是，项目是否涉及境外交易。在目前外汇政策下，我们少数项目通过 ODI 仍有一定的操作空间，不过会涉及相关部门的沟通工作。

二、房地产收并购项目税筹实操分析

项目收购过程中，土地历史成本低是普遍存在的问题，项目收并购后势必导致转让方需缴纳大额税款。而实际交易过程中，转让方都会要求据实收取相关转让款，因此税务筹划也是需要房地产开发企业重点关注的。房地产收并购项目税筹实操一般分两步：

第一步，一般我们在分析房地产项目税筹时，会要求被并购方提供如下资料，以便分析税筹的可行性和操作方式：

（1）公司主体相关工商及资质材料（同步提供项目公司关联企业信息，以便做税筹的候选配合主体）。

（2）土地及建筑物相关产权资料（如有特殊的政府文件，需一并提供）。

（3）项目用地上现有建筑的规划图纸、建筑栋数及楼层业态、功能分区、产权人等参数和资料；如存在出租的，提供租户清单和出租情况。无证部分物业的现状说明。

第二步，收集资料后，开始设计税筹方案和确定操作思路，并进行税筹测算，需要敲定税筹方案。设计税筹方案时，需重点关注税筹方案的合理性、可行性、逻辑性，要避免毫无根据、逻辑上前后矛盾的方案。

三、房地产收并购合同法律风险点分析

1. 涉及项目历史遗留问题

转让款的支付节点应与解决各个关键事项的时点相捆绑。如改工项目的清场问题，一般都要求项目方负责处理完清场事宜后，再支付一定比例的转让款，更有甚者要求项目方提供清场担保（如提供其他抵押物等）。

2. 涉及后续融资事项需要项目方配合的项目

应提前做全面的设计和布局，并在股权转让协议中落实具有可操作性的条款。如若在收购时就涉及基金的资金收购的，就会要求项目方配合办理抵押或股权质押手续等。

3. 项目范围内涉及其他权益主体的

应要求项目方全面负责处理和协调。如涉及村委关系的协调，涉及公共设施（如地下管道）产权人的国有企业或政府部门的关系协调等。

4. 税费承担

最好能争取各自承担，当然如果是卖方市场，如深圳，争取这个条款就有一定难度了，并且基本要求并购方全面负责税费等成本。不过其他城市也

有一定的沟通空间。

第四节 特殊项目存在的法律问题及税务问题的处理方式

随着各地针对房地产行业调控政策的持续深化，房地产行业内部分化态势明显。白银时代的来临，房地产行业的并购案例频发，行业集中程度进一步增加。根据对以往并购案例的总结，并购常规途径大致有两种，一种是基于项目层面的资产收购，另一种是基于股权层面的股权收购。除上述基本常用的途径外，房地产企业投资并购还有较为特殊的几种途径，如国有企业的股权挂牌交易、法院诉讼资产拍卖、企业破产重组等。

不论是通过国有企业的股权挂牌交易方式实际控制目标资产，还是通过法院资产拍卖直接获取目标资产或成为目标资产的实际控制人，抑或是通过收购不良资产后促进企业破产重组，都是为了达到实际控制目标资产的目的，与常规的收购方式比较都存在如下几个共同的特点：

1. 并购方不占主导地位

在常规的收购方式下，通过双方的初步接触，在交易双方初步达成一致时，并购方一般可主导交易的进行。但是在上述特殊并购方式中，大多数的情况下是卖方占据主导地位，甚至第三方占据主导地位。

比如在国有企业股权的挂牌交易中，国有企业的股东在转让其股权之前应履行相应的资产评估手续，并应就转让事宜取得内部审批文件，包括国有企业的董事会、股东会决议文件。如国有企业存在多个股东的情况下，还要考虑到其他股东是否放弃优先购买权，其他股东放弃优先购买权所涉及的内部审批文件等。根据《中华人民共和国企业国有资产法》《企业国有产权转让管理暂行办法》《企业国有资产监督管理暂行条例》《国有资产评估管理办法》等相关法律法规及配套通知文件的规定，国有资产（产权）的转让应进行资产评估，并应制订国有产权转让方案报国资委审批备案。同时，根据国有资产交易的相关规定，应选定特定的产权交易所，以公开挂牌方式进行交易。因此在整个交易过程中，并购方无法控制交易的时间节点，而仅能根据公开交易的规定开展相应的竞拍、签约、付款等流程，并无相应的议价空间。

除此之外，法院诉讼资产拍卖类途径也存在同样的情况和问题。甚至因为涉及法院、执行人、被执行人、债权人、优先权人等多方参与，情况会更加复杂而难以控制。企业破产重组相比较上述途径来讲，会更加复杂。

2. 交易双方地位不平等，尽职调查资料无法详尽

由于特殊途径程序复杂，并购方丧失了交易的主导地位，导致交易双方在整个交易中处于不平等的地位，此点在信息不对称方面体现得尤为突出。在笔者参与的国有企业股权的挂牌交易中，交易方对尽职调查资料的披露会有规定的范围，对并购方提供的尽职调查清单基本不予接受。对潜在并购方的尽职调查时间也应统一安排，除现场尽职调查外，基本不会提供补充资料。在法院诉讼资产拍卖程序中，此种情况可能会更为严重。法院对拍卖的资产一般会进行资产评估，但通常由于被执行人早已下落不明，无法提供详细的资料作为评估依据，导致评估报告的质量并不高，往往无法提供并购方想要的核心信息。如涉及破产案件的，通过收购不良资产获取目标资产的过程，还要经历不良资产转让、企业破产重组等多项复杂的过程。在收购不良资产的过程中，不良资产转让人作为目标资产或目标企业的债权人，本身对目标资产及目标企业信息的掌握就不尽详细，即使前期也做过尽职调查，但可能因为年代久远，无法作为现时的交易依据。因此，为充分了解目标资产或目标企业核心状况而需要进行的尽职调查工作往往开展起来十分艰难。

3. 特殊途径程序特定、复杂

并购方不占主导地位、交易双方地位不平等多项原因导致通过特殊途径

进行的并购税筹空间有限。

由于前述两点原因导致并购方在交易程序固定、交易基础资料不详尽的情况下，无法主动做出税务筹划。

在法院诉讼资产拍卖公告中，法院均会对拍卖资产进行说明，其中值得注意的是税费的处理问题。通常由于被执行人下落不明，或被拍卖资产无法覆盖现有债权等原因，拍卖资产过户所产生的相应税费均会规定为由竞拍方自行负担。由于被拍卖资产建设年代较久或被执行人无法提供历史成本资料，会导致拍卖资产过户所产生的税费非常高，尤其是土地增值税。

国有企业股权的挂牌交易因为流程较为固定，所使用的合同版本均为产权交易所提供的版本，对税费通常约定由交易双方各自承担。对通过不良资产转让、企业破产重组等程序获取目标资产的这种途径来说，复杂的交易流程也决定了税务问题就是交易的核心问题，个案情况往往较为复杂，较难预判税务筹划空间。

法院诉讼资产拍卖是人民法院在民事执行程序中，对被执行人可供执行的财产采取拍卖进行变价的强制措施。根据最高人民法院《关于人民法院网络司法拍卖若干问题的规定》（法释〔2016〕18号）第二条规定，"人民法院以拍卖方式处置财产的，应当采取网络司法拍卖方式，但法律、行政法规和司法解释规定必须通过其他途径处置，或者不宜采用网络拍卖方式处置的除外"，使用网络拍卖方式处置被执行财产已经成为法院处置被执行财产的常规方式。

一、拍卖流程及相关法律风险

在以往的并购案例中，并购方大多通过被并购方提供的资料对目标资产信息予以核实，并辅助以网络搜索的方式予以核对。与之相比，在法院诉讼资产拍卖过程中，并购方更多需要通过网络搜索的方式获取多方面信息，不仅针对目标资产，也包括对拍卖流程及风险的了解。

第七章 ‖ 可能遇到的风险及法律问题分析

法院诉讼资产拍卖过程中存在的风险及需要关注的要点有如下几个方面：

1. 评估价格能否真实体现目标资产价值

在法院诉讼资产拍卖中，拍卖保留价（底价或起拍价）的确定是整个拍卖过程中的关键环节，拍卖保留价的确定要依据评估报告确定的评估价格。根据笔者参与的多起拍卖遇到的问题来看，评估价格有时并不一定能够很好地反映资产本身的价值。评估价格往往会受到下列因素的影响：一是被执行人是否能够提供准确的资料供评估机构参考。尤其是在股权拍卖过程中，虽然相关司法解释规定"在被执行人的股权进行评估期间，人民法院有权责令有关企业提供其涉及的会计报表等资料；如若有关企业拒不提供，可依法强制提取"，但往往被执行人所持股的企业并不是案件当事人，即使法院对其施加一定压力，也并不能保证有关企业会提供相应的资料。二是评估机构针对同一资产采用不同的评估方法而得出的评估结论差异较大。除上述因素影响外，如在保留价确定之后，依据相关拍卖保留价计算，若用拍卖所得价款支付清偿优先债权以及强制执行费用，则该笔价款完全无剩余可能，申请执行人若坚持申请继续拍卖，法院会重新确定保留价，因此保留价可能会高于评估价格。

2. 拍卖公告中需要关注的问题

（1）标的物情况。基本信息、现状、看样方式、时间安排、评估报告及已知瑕疵和权利负担。

（2）参与竞买人。竞买人应具备完全民事行为能力，法律、行政法规和司法解释对买受人资格或条件是有特殊规定的，竞买人应当具备规定的资格或条件。与标的有关的人员（案件当事人、担保物权人、优先购买权人等）可参加竞拍，但应关注报名方式是否为法院现场报名。

（3）拍卖保证金。拍卖不动产、其他财产权或价值较高的动产的，竞买人应当于拍卖前向人民法院预交保证金，买受人悔拍后保证金不予退还。

（4）拍卖价款的支付方式。一是优先权问题，人民法院应当在拍卖五日前,以书面或其他能够确认收悉的适当方式,通知当事人和已知的担保物权人、优先购买权人或其他优先权人于拍卖日到场。

二是税费、过户、清租问题,标的物权属转移登记一般均由买受人凭法院执行裁定书自行办理,并按照相关法律法规承担税费(也可能承担交易双方的全部税费)。竞买人需提前自行确认其是否符合权属转移登记条件。标的物若有原户口未迁出,以及水、电、气等户名变更的情况也均由买受人自行解决。如果标的物上存在租赁合同的,还有清租问题。

3. 优先权问题

优先权主要分为优先受偿权和优先购买权。优先受偿权,是指根据法律规定或当事人的约定,在债务人不履行债务时,债权人优先受偿债务人的财产或财产权利折价、拍卖、变卖所得价款的权利。通常,对拍卖标的物具有优先受偿权的情况主要有,担保物权的优先受偿权、建筑工程价款优先受偿权等。对于有法定优先权或设定优先受偿权的被执行人的财产或财产权利,人民法院可以依法强制拍卖,拍卖所得价款优先受偿于优先权人。

优先购买权,是根据法律规定或当事人的约定,在同等条件下某一民事主体,对特定财产享有的优先购买的权利。通常,享有优先购买权有财产共有人的优先购买权、房屋租赁人对出租房屋的优先购买权、有限责任公司股东对本公司股权的优先购买权等。在强制拍卖过程中,如果出现案外人在拍卖标的物上享有优先购买权的情况,人民法院则应当在拍卖公告中声明,被执行人的财产上存在优先购买权的情况,同时应通知优先购买权人,告知其参加拍卖。优先购买权人如果在拍卖前未在拍卖机构登记竞买,则视为放弃优先购买权。优先购买权人如果参加竞买,可以在拍卖现场适时表示以某一最高价接受,如果无人进一步出更高价,则卖给优先购买权人;但如果有更高出价,而优先购买权人不再表示接受,则拍归最高出价者。如同一拍卖标的物上有多个优先购买权人同时表示以最高出价接受的,可在其间再进行竞价,或由其自行协商确定买受人。

4. 影响拍卖顺利进行的特殊情况

在正式拍卖开始前、进行中或拍卖完成后，可能会存在某些特殊情况进而影响拍卖的顺利进行，对于竞买人来说，需要特别关注这些特殊情况对交易的影响。这些特殊情况包括拍卖撤回、拍卖撤销、暂缓执行或中止执行、案外债权人的轮候查封等其他强制措施。

5. 拍卖后的过户问题

办理过户前，应确认法院是否解除了对该房产的查封。如当事人自愿履行判决或裁定的，由当事人共同到登记机关办理过户登记。如当事人下落不明的，由法院出具裁定书、协助执行通知书，登记机关根据法院裁定办理过户。但需注意，由于目标资产情况不同，过户时遇到的问题也会有所不同，需结合具体情况提前做好应对准备。①

二、拍卖税费分析及筹划

1. 涉税分析

深圳某区某项目已由深圳市房地产权登记中心 2010 年核发深房地字房地产证，土地占地面积 20518 平方米，土地性质为工业用地，土地使用年限为 50 年。

目标项目已建成建筑物，附带工业厂区综合楼，于 1993 年竣工。目标项目土地上另有在建工程，2016 年已建设地下两层及地上一层工程，之后便停工未再建设。目标项目的抵押权人某银行依据法律程序，请求人民法院拍卖目标项目。在完成拍卖成交后，法院的责任仅停留在出具协助执行通知书和确认拍卖裁定书，并将其送至相关主管部门办理该项目解封以及产权过户手续，而无须负责后期的清场交付。

在拍卖成交的过程中，涉及的成交价不包含转让过程中双方涉及的一切

---

① 《最高人民法院关于人民法院网络司法拍卖若干问题的规定》。

税、费、应补地价、土地使用费等；过户过程中所产生的转让双方的一切税、费（包括但不限于所得税、土地增值税、营业税及其附加、印花税、契税等）、应补地价、土地使用费均由买受人承担。

2. 税务筹划思路

（1）如果目标项目符合城市更新政策的。可以考虑通过关联公司拆赔的方式，将相应的税费成本作为被拆迁方应取得的拆迁补偿金的一部分，而拆迁补偿金的支付对符合政策性拆迁的被拆迁人而言无须支付相关的税费。对实施主体单位（拆迁方）而言，拆迁补偿金可以作为土地成本在所得税、土地增值税计算时作为扣除项目，以弥补前期成本。

（2）对尚可联系到的被执行人。可以考虑通过与被执行人签订合作协议，以支付少部分服务费的方式要求被执行人协助提供历史票据。采取上述方式，也可掌握被执行人涉诉情况，防止优先权人、其他债权人对拍卖结果的影响，亦可以帮助并购方处理清租、过户等相应手续。

（3）还可考虑与税务机关协商。如果将买受人承担的税费并入土地价款的总价后，向税务机关代开发票，则该成本可在缴纳土地增值税前扣除，如果是使用增值税专用发票，还有机会在增值税前扣除。但企业所得税能否税前扣除，则具体需要与税务机关进一步沟通。

第八章 结论

第一节 研究结论

　　我国房地产行业上市公司的资产重组现在越来越多地采取股权并购重组的方式，以获得建设用地使用权。一直以来，土地和资金都被看作房地产行业两项最重要的资源，公司对土地和资金的占有程度会直接决定其生产能力与可持续发展能力。本书在参考了大量相关文献的基础上，对房地产行业在股权并购重组中的具体操作流程以及并购重组过程中需要考虑的法律法规问题做了详细的研究分析，最后通过不同的案例对股权并购重组进行动因绩效分析。

　　本书首先在序言里对企业并购重组进行详细的介绍说明，其次再针对我国房地产企业，分析其并购重组中存在的风险与法律问题，再次通过不同形式的并购重组案例对房地产企业的并购重组进行讨论，最后得出以下结论。

　　从房地产上市企业的角度来看：①作为房地产行业自身就需要不断地提高内部管理控制水平，对行业内的资源进行优化整合，提高资源利用率。②对于国内外先进的管理理念，要秉持积极的学习态度，找到适合自身企业的管理方式，从而提高管理效率与开发水平。③房地产企业在进行股权并购重组过程中，应充分考虑《公司法》《证券法》及其他相关法律法规，在符合国家法律法规的条件下，进行合理的税收筹划，使公司尽量降低成本更好地实施资产并购重组活动。④房地产企业并购重组的过程是一项高风险的金融活动，因此必须充分考量各类风险发生的概率以及风险可能造成的损失，要站在企业战略决策的高度，对并购重组进行详细分析，摒弃短视，做好可行性研究。

在面对房地产上市公司并购重组的一系列过程中，政府应该做好以下几个方面：①政府部门的重中之重就是要对房地产企业股权重组并购相关的法律法规进行及时充分的完善，使房地产企业在进行并购重组的每一步工作都有法可依。②政府相关部门要适当加强对土地的宏观调控管理，规范土地的使用和土地交易市场，优化土地的合理配置。③政府应尽职尽责地为房地产上市公司营造一个公开透明的交易市场和交易环境，确保房地产行业间的并购重组是公平高效的。④政府监督部门应充分承担起规范我国证券市场建设与监督的作用，促进股权并购重组活动在一个合法的范围内进行。

现如今，国内外并购重组活动已成为调整产业结构以及重新配置资源的重要手段，是房地产行业与国家宏观管理的形势所趋。房地产行业的并购重组有其实施的必要性。一方面，它可以帮助房地产上市公司谋求自身发展的途径；另一方面，它也是一个国家进行宏观调控的重要手段，因此无论如何，房地产上市公司的并购重组都要继续前行。

第二节　未来展望

房地产上市公司的并购重组是一项复杂的系统工程，每一步骤的工作都需要对细节进行反复且仔细的考虑。加之房地产在我国属于支柱型产业，其并购与重组活动不仅会对自身公司与房地产行业产生巨大的影响，大型房地产公司间的并购重组活动甚至会影响到整个国家的经济。如果并购成功，多方受益；反之，则会受损。因此，研究房地产上市公司间的并购重组活动至关重要。但是回顾全文，笔者发现仍有一些没有涉及或研究不够深入的地方，需要从以下几个方面进一步研究：

（1）对房地产上市公司并购重组绩效的影响因素进行分析，从实证方面研究各因素对并购重组绩效的影响，使研究更深入全面。

（2）对并购重组的评价方法。可以结合多种评价方式，将会计研究法、事件研究法、案例研究法等相结合对房地产企业短期、中长期并购重组进行案例分析，使文章分析更加全面和准确。

现阶段，房地产行业间的并购重组已经成为市场的发展趋势，企业通过并购重组能够淘汰相对落后的产能，适量减少房地产的存量，促使我国房地产行业朝着规范化及健康化的方向发展。但是并购重组中的房地产企业需要承担较大的风险，并且风险的种类繁多、性质复杂，尤其是伴随着全球化进程的加快，跨领域的并购重组屡见不鲜，房地产企业在并购重组的发展过程中必须进行合理的风险管理，提高风险识别能力，做好防范工作，使资源整合的优势充分发挥，以增强我国房地产行业自身的竞争实力。

附　录

附录1　股权并购重组案例中的法律法规、规范性文件汇总

一、法律

1.《中华人民共和国公司法》(2006年1月1日起施行)

2.《中华人民共和国证券法》(2006年1月1日起施行)

3.《中华人民共和国企业破产法》(2007年6月1日起施行)

4.《中华人民共和国反垄断法》(2008年8月1日起施行)

二、行政法规和法规性文件

1.《国务院关于经营者集中申报标准的规定》(2008年8月3日实施,国务院令第529号)

2.《国务院办公厅关于当前金融促进经济发展的若干意见》(2008年12月8日)

3.《国务院关于促进企业兼并重组的意见》(2010年8月28日实施,国发〔2010〕27号)

4.《国务院关于进一步优化企业兼并重组市场环境的意见》(2014年3月7日实施,国发〔2014〕14号)

三、部门规章及规范性文件

(一)中国证券监督管理委员会

1. 部门规章

(1)《上市公司并购重组财务顾问业务管理办法》(2008年8月4日实施,证监会令第54号)

(2)《上市公司收购管理办法》(2014年10月23日修订,证监会令第

108号）

（3）《上市公司重大资产重组管理办法》（2016年9月8日修订，证监会令第127号）

2. 部门规范性文件

（1）《〈上市公司收购管理办法〉第六十二条及〈上市公司重大资产重组管理办法〉第四十三条有关限制股权转让的适用意见——证券期货法律适用意见第4号》（2009年5月19日实施，证监会公告〔2009〕11号）

（2）《中国证券监督管理委员会公告〔2013〕3号——〈上市公司收购管理办法〉第七十四条有关通过集中竞价交易方式增持上市公司股份的收购完成时点认定的适用意见——证券期货法律适用意见第9号》（2011年1月17日实施，证监会公告〔2011〕3号）

（3）《公开发行证券的公司信息披露内容与格式准则第16号——上市公司收购报告书（2014年修订）》（2014年5月28日实施，证监会公告〔2014〕25号）

（4）《公开发行证券的公司信息披露内容与格式准则第15号——权益变动报告书（2014年修订）》（2014年5月28日实施，证监会公告〔2014〕24号）

（5）《中国证券监督管理委员会关于规范上市公司重大资产重组若干问题的规定（2016修订）》（2016年9月9日发，证监会公告〔2016〕17号）

（二）中国银行业监督管理委员会

《商业银行并购贷款风险管理指引（2015年修订）》（2015年2月10日实施，银监发〔2015〕5号）

（三）国家税务总局

1. 《国家税务总局关于纳税人资产重组有关增值税问题的公告》（2013年12月1日实施，国家税务总局公告2013年第66号）

2. 《国家税务总局公告2015年第48号——关于企业重组业务企业所得税征收管理若干问题的公告》（2015年6月24日实施，国家税务总局公告2015年第48号）

（四）多部门连发

1.《上市公司并购重组行政许可并联审批工作方案》（工业和信息化部、中国证券监督管理委员会、国家发展和改革委员会、商务部联合发布，2014年10月24日实施）

2.《财政部、国家税务总局关于促进企业重组有关企业所得税处理问题的通知》（2014年12月25日实施，财税〔2014〕109号）

3.《国有股东转让所持上市公司股份管理暂行办法》（国务院国有资产监督管理委员会、中国证券监督管理委员会令第19号，自2007年7月1日起实施）

四、行业规定

1.《全国中小企业股份转让系统有限责任公司关于发布〈挂牌公司并购重组业务问答（一）的通知〉》（股转系统发，2016年3月15日实施）

2.《全国中小企业股份转让系统有限责任公司关于发布〈挂牌公司并购重组业务问答（二）的通知〉》（股转系统发，2016年6月16日实施）

3.《中国资产评估协会关于印发〈资产评估专家指引第6号——上市公司重大资产重组评估报告披露〉的通知（2015修订）》（2015年7月22日实施，中评协〔2015〕67号）

附录2 地产有限公司股权并购重组管理办法

1.《上市公司重大资产重组管理办法》（2016年9月8日修订，证监会令第127号）

2.《关于规范上市公司重大资产重组若干问题的规定》（2008年4月16日证监会公告〔2008〕14号）

附录3 地产集团有限公司子公司股权管理办法

1.《万方地产股份有限公司　股份有限公司分子公司管理制度》

2.《山东惠邦地产股份有限公司子公司管理制度》
3.《浙江卧龙地产股份有限公司子公司管理办法》
4.《国兴融达地产股份有限公司子公司管理办法》
5.《恒大地产集团地区公司管理办法》
6.《碧桂园集团"同心共享"操作细则(试行)》
7.《欣乐地产集团与房地产子公司管理制度汇编》

参考文献

[1] G. V. Smith, R.L. Parr. Valuation of Intellectual Property and Intangible Assets [M]. New Jersey: Wiley, 1989.

[2] R. F. Reilly, R. P. Schweihs. Valuing Accounting Practices: An Example [J]. Ohio Cpa Journal, 1997（April）.

[3] A. Damodaran. Investment Valuation Tools and Techniques for Determining the Value of Any Asset [J]. 中国经贸, 2005（12）: 87.

[4] G. A. Feltham, J. A. Ohlson. Valuation and Clean Surplus Accounting for Operating and Financial Activities[J]. Contemporary Accounting Research, 2010（2）: 689-731.

[5] 袁立, 杜晓. 我国上市公司跨行业并购企业因素影响浅析 [J]. 科技与企业, 2013（17）: 6-6.

[6] 卫力, 娄牡丹. 跨行业并购协同效应实证分析 [J]. 特区经济, 2015（3）: 115-116.

[7] 周林. 企业并购与金融整合 [M]. 北京: 经济科学出版社, 2002: 96.

[8] 朱宝宪. 中国并购评论（第一期）[M]. 北京: 清华大学出版社, 2003: 5.

[9] 胡克. 兼并与收购实用指南 [M]. 北京: 经济科学出版社, 2000.

[10] 克拉林格. 兼并与收购 [M]. 北京: 中国人民大学出版社, 2000.

[11] 张维, 齐安甜. 企业并购理论研究评述 [J]. 南开管理评论, 2002（2）: 21-26.

[12] 罗浩，李心丹. 并购的理论和实证研究发展 [J]. 现代管理科学，2004（3）：10-11.

[13] 费里斯，佩蒂. 资产评估 [M]. 北京：机械工业出版社，2003.

[14] 奚玉芹，金永红. 企业薪酬与绩效管理体系设计 [M]. 北京：机械工业出版社，2004.

[15] 杨俊远. 现代企业资金管理研究 [M]. 北京：中国财政经济出版社，2004.

[16] 阿斯瓦斯·达摩达兰. 应用公司理财 [M]. 北京：机械工业出版社，2000.

[17] 朱清华，钟远，李启明. 基于核心竞争力的房地产企业并购研究 [J]. 建筑经济，2007（3）：51-54.

[18] 李金田，李红琨. 企业并购财务风险分析与防范 [J]. 经济研究导刊，2012（3）：114-116.

[19] 沈佳萍. 房地产企业并购重组中的防范对策之我见 [J]. 中国国际财经，2018（1）：138-139.

[20] 陈立敏，王小瑕. 中国企业并购绩效的影响因素研究：基于资源基础观与制度基础观的实证分析 [J]. 浙江大学学报（人文社会科学版），2016，（6）：162-174.

[21] 张春霞. 房地产企业并购后的财务整合分析 [J]. 会计学习，2018（7）：64-65.

[22] 郭晓东，徐文娟. 加强档案信息化建设提升档案管理水平 [J]. 办公室业务，2017（4）：75.

[23] 全进. 战略导向下的中华企业并购与管理整合研究 [D]. 复旦大学，2007.

[24] 白安林. 企业并购交易价格确定及支付方式选择研究 [D]. 首都经济贸易大学，1998.

[25] 郑艳军. 企业并购的定价及支付方式 [J]. 冶金财会，2005（3）：9-10.

[26] 赵小鹏. 房地产项目并购尽职调查 [J]. 金融经济，2011（14）：83-85.

[27] 林叶金. 浅谈如何准备企业并购重组谈判 [J]. 中国注册会计师，2012（12）：114-115.

[28] 许劲上. 并购的沟通与谈判策略技巧 [J]. 名人传记（财富人生），2010：43-45.